HEART
心|視野

HEART

心|視野

HEART

心|視野

HEART

心|視野

고민이 고민입니다

駕馭腦中的小劇場

韓國精神科權威的「高效人生思考術」，
教你把煩惱轉化成一種優勢！

河智賢（하지현）著　杜西米 譯

目錄

CONTENTS

고민이 고민입니다

駕馭腦中的小劇場

韓國精神科權威的「高效人生思考術」，
教你把煩惱轉化成一種優勢！

河智賢（하지현）著　杜西米 譯

目錄

| CONTENTS |

第5章　煩惱無法根除，但你可以……

好評推薦

「透過閱讀，調整認知，重新改寫煩惱的劇本。做好腦內小劇場的編導演，讓生活從容、優雅、有餘裕。」

——王意中，王意中心理治療所所長、臨床心理師

作者新序

未來難以預測，只要好好應對每一天

距離這本書誕生在這世上已超過五個年頭，書跟人類一樣都擁有自己的命運，而這本書很幸運地從出生後就受到很多讀者的喜愛。出書後，我在講座與書籍分享會上見到許多讀者，還是有許多人會向我訴苦，認為自己的煩惱太多，身心疲憊不堪，但也有不少讀者給我的回饋是「覺得內心輕鬆不少」、「讀完書後，做決定似乎比以往更容易」。而這些回饋正是我想寫這本書的初衷，我認為——大部分人雖然都有自行解決煩惱的能力，卻總會苦於不知如何解決。

這本書並不是一把能解決所有煩惱的萬用鑰匙，而是更著重於說明煩惱為何物，讓大眾理解內在情緒和大腦的運作方式。**當我們不被煩惱糾纏或局限，騰出腦內的空間，讓大腦能充分運轉，相信無論是誰都能順利解決自己的煩惱**。雖然不能一次根除所有煩惱，但在每一次應對問題的過程中，我們就能漸漸培養出輕鬆解決煩惱的能力。

你可能也曾經同時被諸多煩惱纏身，腳上彷彿拖著千斤重的沙袋般，寸步難行，難以做出決定，甚至會將原因歸咎於自己能力不足。在此，我也想與你分享自己的經驗。

我實際上在面對煩惱時，也是按照本書所寫的策略，**每天早上利用簡短的時間好好煩惱一下，釐清事情緩急，先解決當天必須完成的事情，清空大腦的負擔後，再開始一天的工作**。必須先區分自己的煩惱是因貪心而起的欲望，還是適當且合理的需求，區分好兩者後，每天累積的問題就不會過度動搖我們的情緒。

再者，**當事情難以預測時，與其盲猜未來，我選擇將目標放在好好應對每天所發生的狀況上**。縱使有時還是會感到不安或灰心，至少心情上已經比以往要平穩許多，思緒也會更為清晰。對我而言，這樣就已經很滿足，我也維持這個狀態度過了好一段日子。

這次的再版，補足了初版時的一些不足，並重新編排章節，以便讀者理解書中內容。

最後，希望閱讀本書的你，能為自己的內心整理出一個乾淨寬敞的空間，並持續保持整潔，願各位都能因此提升自己的生活品質。

前言
致深陷苦惱而疲憊不堪的你

我是負責傾聽眾人煩惱，並與他們一起煩惱的人。雖然大家會說精神科醫師的工作是診斷和治療，但我們實際上也在不斷幫助那些深陷煩惱的人，一步步解決他們的問題。

也許是工作性質的關係，不只有患者向我尋求協助，私底下也有不少人會向我傾訴苦惱並諮詢解答。但大部分人對自己面臨的問題，其實心裡早已有答案，或是擁有解決問題的能力了。當我給他們建議時，通常會有一半的人露出「啊，我怎麼沒想到呢」的表情，而另一半的人則是早就想過這種方法，並問我有沒有更好的解決方式。

現在打開電視，有不少節目的主題是分享自己瑣碎的煩惱，並與觀眾一同尋求解答。儘管我們已經透過各種方式試圖解決煩惱，奇怪的是，煩惱似乎還是有增無減。每個煩惱的解答各不相同，甚至給建議的人也會給出不同的答案。同樣的煩惱會因為狀況差異而有不同解決方法，即便解決了眼前的煩惱，下一個煩惱又會接踵而至，怎麼煩都煩不完。究竟為何會如此？難道是解決方式錯了嗎？

世界上的煩惱越來越多，當一個人承擔的責任變多、想把事情做得更好、想做出最好的決定時，與其說是要找出各種煩惱的最佳解答，我們更像是記住了每種煩惱所對應的解法。但如此一來，不僅會花費比原來更多的力氣，也浪費了本就有限的腦容量。

在我看來，**我們通常不是因爲問題太困難、找不到解答而感到痛苦，而是沒有給予內心充分的時間與餘裕去解決問題，內心被不安與恐懼感所左右，爲了找出最好的解套方法，反而陷入煩惱的無限循環**。俗話說：「給人魚吃，不如教他釣魚。」為了「有效煩惱」，似乎必須先學習「如何煩惱」。

本書所提及的各種「有效煩惱的方法」，是我經年累月思考後的產物。一般大眾會依據各種煩惱的類別，分別去找尋各自對應的解決方式，但這本書裡提及的煩惱更像是一個大集合，我試圖在這個「煩惱集合」中，整理出一套普遍適用的解法。用考試科目來比喻的話，我要做的不是分別去尋找能提高國文、英文、數學等科目成績的方法，而是找出能把書讀好的方法；用寫小說來比喻的話，則是不去執著如何使用小說技法，而是去摸索寫好文章的方式。

本書共有五個章節，**第一章探討我們爲何總深陷煩惱之中，並且討論「好好煩惱」究竟有何意義**。

當競爭越激烈，隨之增加的煩惱當然會加重心理負擔，因此**第二章將解釋「情緒」如何妨礙我們思考煩惱**，只有縮短煩惱的時間，並且直視因煩惱而產生的不安、憂鬱、後悔、自責等情緒，才能好好煩惱。

第三章將從腦科學、認知心理學層面，剖析我們不能好好煩惱的原因。我們的大腦比想像的更懶惰，並且討厭沒有效率的事物，因此常受到煩惱限制，或誤導我們做出錯誤決定。

第四章則會根據二、三章所討論的內容，**提出幾個不受情緒左右，又不讓大腦超載的實用煩惱法**。如此一來，無論是哪種煩惱，我們都能運用這些方法，找到合理且符合現況的答案。

最後，**第五章將討論受困於日常生活各種煩惱的我們，爲了做出最終決定，在面對煩惱時可以採取什麼心態**。你可以根據自己的閱讀習慣，無論是從頭讀起，或是從有具體建議及方案的四、五章開始閱讀，都是不錯的選擇，即便跳著看也不會影響理解。

煩惱如同重力，看不見卻能時刻感受到它的作用，只要我們還在呼吸，煩惱就會如影隨形。與其希望活得無憂無慮，試著了解煩惱並與之共處，或許是一個更貼近現實的解決方式。

希望這本書能夠幫助各位騰出內心的空間，在不讓大腦過度疲憊的前提下，簡潔俐落地解決大家的煩惱。期待大家能從書中獲得力量，有效解決自己的煩惱，牢牢掌握人生的方向盤。

第 1 章

生活中，大大小小的煩惱

1 要花心思決定的事都是煩惱

我有一位女性患者，她在接受好幾年的憂鬱症治療後，憂鬱的症狀已經好轉許多，只剩下輕微的失眠問題。不過某一天，她在沒有預約的情況下突然來掛號看診。

「醫生，我覺得我的憂鬱症好像復發了。」

我的心情一下沉到谷底，我從她開始治療憂鬱症就一路看著她走來，現在她好不容易創辦自己的品牌，而且也小有成就，幾個月前甚至和男友論及婚嫁，看到她重獲健康我十分欣慰，怎麼會在這時又突然病發了呢？

「最近總是忘東忘西，無法集中精神，還總是忘記自己該做的事。籌備婚禮也是，沒辦法自己做決定，跟男友在電話裡吵架的次數也變得頻繁。我好像變得很神經質，我是不是又復發了？」

聽完她的敘述，我想問題應該在於工作與婚禮事務上，她需要花費更多的心力處理這些事，要獨自下決定的事情突然比平常多出一倍，當婚禮事務占據了她的心緒，忘記幾件繁瑣的工作事務當然很正常。一旦如此，當她在工作上收到客訴時，將問題歸咎於自己憂鬱症復發，其實也無可厚非。

但這並非憂鬱症復發造成的，而是她需要處理的事情一下子增加太多，導致身心無法負荷所致。在這情況下，不僅無法專注處理業務，再加上腦內的空間被原先的煩惱占滿，新煩惱擠不進去，自然會被彈出腦外。看到她的情況，讓我不禁聯想到幾天前發生的事。

被填滿的內心空間

我趁著上午看診的空檔打開手機時，發現有幾通來自母親的未接來電。母親不常在白天打電話給我，出於擔心，我馬上就回撥了電話。母親說家裡的水管爆開，水現在不斷滲入樓下住戶的天花板。這就麻煩了，照理來說應該馬上拿工具修理，用水泥補好地板的裂縫，不要讓水再繼續往下滲才對，但母親年事已高，沒辦法獨自處理這些事。我一方面擔心受到驚嚇的母親，一方面也煩惱著晚點要去哪裡跟母親見面，還有思考家裡後續修繕工程要怎麼進行。

然而，眼下我能做的事，也只有先請母親幫我向樓下鄰居致歉，因為診療室內還有病患在等著我看診。深呼吸一口氣後，我再度進到診間內看診，但與平常不同的是，我聽不進任何一句病患的病況陳述。如果是平常的我，早就已經開始理解病患的心情，並針對他們的痛苦或煩惱提出我的建議了。但在跟母親通完電話的一段時間內，我卻覺得異常疲憊，只能傾聽病患的煩惱，機械式地給予反應，這已經是我能力範圍內，所能做到最好的程度了。

那天的看診行程明明與往常無異，但上午診結束後我卻覺得特別疲憊。打開手機跟太太與母親通了電話，把當下能處理的事情決定完後，才稍微放下心來。但我的腦袋還是一團亂，沒辦法想其他事情或做任何決定，直到下午把較大的問題處理完後，我才終於鬆了一口氣。內心的緊張與不安，如同即將爆炸前一刻消氣的氣球，或是在沸騰前趕緊加入一勺冷水的熱湯般，好不容易才平復下來。幾個小時前的我與現在的我，明明都是我，心理狀態卻截然不同。

遇到不測之事時，內心的空間會瞬間被這些事情填滿，導致無法思考其他事情或做

任何決定。所謂不測之事，不只是家裡排水管故障，前面提及的患者即將結婚的喜事也在此範疇內，一樣都會占據內心的有限空間。

從那天起我便一直在思索，究竟煩惱對人的身心會產生何種影響？簡而言之，就是會「糾結於煩惱」，不停思考、釐清自身的煩惱。身為精神科醫師，我所能做的大部分是傾聽、理解他人的煩惱，找出問題癥結點，減輕患者因煩惱而產生的負擔。最多也只會提供從我觀點出發的建議，幫助患者解決煩惱。我也會在報章雜誌上連載煩惱諮商的專欄，或是上相關綜藝節目當嘉賓，又或是出版諮商書籍，幫大眾解決苦惱。

我一直認為這世界上的所有煩惱，我都能用自己的方式找出解決方案，這股自信一部分也來自於我的閱歷和過往累積的數據資料。但究竟當時我的大腦和內心出了什麼問題，導致我的腦袋整個當機，連自己的事情都做不好呢？

小劇場整天都在運轉

有些人可能認為自己在日常生活中不怎麼受到煩惱的影響，因為像是創業、留學、結婚等人生重大決定，或是與愛人分別、寵物死亡等會產生心理壓力的事件，並不會那麼頻繁發生。

事實上，除了偶爾會出現影響日常生活的重大問題，我們每天也必須與成千上萬的煩惱直球對決，只不過那些煩惱過於瑣碎，或是我們每天都在重複同樣的煩惱，而沒有特別意識到罷了，就跟人不會特別注意自己在呼吸是一樣的道理。但這時如果突然碰到大問題，或瑣碎的煩惱數量突然增加時，我們就會開始注意到這樣的變化，並且陷入困境，就跟人開始注意到自己的呼吸後，反而會覺得不自在一樣。

十幾年前，我去加拿大研習時曾發生一件事，我打算跟家人在加拿大待一年左右的時間，通常會先找好住處並簽約，但我當時抱持著「無論如何都會找到住處」的想法，只先預約了一週的飯店，就帶著妻子和兩個兒子前往多倫多了。

隔天辦好手機後，我便開始尋找住處，幾經波折好不容易租下一間公寓，也買了一輛中古車，直到去教育廳交完孩子轉學的相關文件後，晚上才鬆了一口氣，但總覺得哪裡不太對勁，才赫然發現裝著全家人護照、簽證跟租約的包包不見了，我把包包忘在餐廳裡了。天啊！我怎麼會現在才想起這件事，我到底在幹麼？何況我搭了無數次地鐵跟公車，從未遺漏過隨身物品。我擔心會找不回文件，整個晚上都無法闔眼。

隔天早上，我早早就到餐廳門口等開門，心情忐忑不安，腦中想像各種可能發生的狀況，感覺自己的腦袋隨時都可能炸開來。幸好包包被店家妥善收好保管，即便如此，我的心情仍有好一陣子難以平復，自責感也沒有因而消失。明明當下我並沒有面臨要做出重要決定的關鍵時刻，也沒有發生特別重大的事件，但第一次來到陌生城市，一週內有無數事情等著我做決定，這些事情堆在我的腦袋裡，結果就讓我忘了拿走背包。**煩惱只增不減所造成的影響，就如同溫水煮青蛙，如果輕忽，可能會帶來嚴重後果**。

有些人常說：「我活得很簡單，沒什麼大煩惱。」他們誤認為只有面對重大事情才需要煩惱，事實上並非如此，任何要花心思決定的事情都稱為煩惱。廣義來看，我們現在放在思考天秤上的所有事物，都可以稱為煩惱。當這些瑣碎煩惱在心中占據一地，與其一個個找出解決方法，不如整理出一個「煩惱公式」，充分理解煩惱、好好煩惱，做好心理建設後再做決定，似乎更有效率。

煩惱並沒有那麼偉大，不是只有跨越重大難關的煩惱才稱爲煩惱。煩惱是每天少則幾十次，多則數百次在心裡的衡量計算，其中有九成是無意識的，只有一成我們會意識到。

隨著世界上的資訊越來越多，內容也愈趨複雜，我們的煩惱會隨之增加，需要考慮的事情更如等比級數般急遽變多。我們常因為煩惱事情而讓腦袋塞滿萬千思緒，容易錯過真正重要的問題；或為了騰出腦中的有限空間給新煩惱，而倉促做出決定。人生是朝著一個方向線性前進的，在這一生中我們需要同時扮演多種角色，因此**好好與煩惱共處，是我們管理內在的重要課題**。

2 排解難題的三階段

回到問題的原點，究竟「煩惱」為何物？在韓文裡，「煩惱」（고민하다）原有表示身心痛苦、心情鬱悶之意，意即因陷入各種顧慮而導致心情焦躁、鬱悶不已的狀態。「煩惱」一詞，在韓文字典裡的解釋為「內心痛苦焦躁不已」。也就是說，所謂煩惱，除了指思緒眾多導致無法做出決定，亦表示「情緒」是使人陷入膠著狀態的原因，更是煩惱的產物。**我們會因爲情緒陷入煩惱，而煩惱本身也爲我們帶來情緒上的困擾**。

「煩惱」在英文的近義詞有「worry」（擔心）、「deep thinking」（深思）、「torment」（痛苦）、「distress」（憂慮）、「fret」（苦惱）等。由此可知，煩惱的範圍其實很廣泛，思考與情感交錯參雜其中，不安與擔心則是煩惱的具體表現。小至日常瑣事，大至人生抉擇，都在我們的煩惱範圍之內。

照這樣看來，人際問題也是一種煩惱，對過去事物的後悔與迷戀、對未來的不安與揣測都會成為我們的煩惱。而這些煩惱並不會隨著時間流逝，反而會與日俱增。當我們受人請託某件事時，經常會回覆「讓我想一下」或「讓我考慮一下」，兩句話的意思看似差不多，但從語感上來看卻有所不同。比起「讓我想一下」，「讓我考慮一下」更能讓人感受到自己的誠意，這代表我並非只有「想」，而是真心誠意在「煩惱」要不要答應別人的請求。

由此可知，**煩惱除了涵蓋對一件事情的思考，亦多了一點個人的意志與心意等情感因素，正因如此，煩惱才會消耗這麼多能量**。既然煩惱越多，越容易感到疲憊，我們為何還要花這麼多力氣在煩惱事情呢？當然是為了做出一個「好的決定」。而做出好決定的背後緣由，無非是為了完美執行決定好的計畫或方案。由此，我們可以將煩惱的過程歸納成這個流程：

煩惱 ↓ 決定 ↓ 實踐

問題在於我們通常會花太多的時間在第一步的煩惱階段，若一開始就投入過多時間與心力，在決定階段和實踐階段，所花的時間與心力就會相對減少，如圖表1-1所示。

遇到重大煩惱時，人們經常會認爲煩惱的時間越久，越能做出好的決定，但這其實是錯覺。實際上，我們很可能在煩惱階段時，就已經把能量消耗殆盡，當疲憊感一湧而上，常讓我們難以繼續下個階段，或面臨被期限追著跑的狀況。如此一來，要獲得好的結果當然十分困難。

在煩惱過程中，**最理想的時間與心力分配方式，是在「實踐」過程中投入最多心力，再來是「煩惱」，最後才是「決定」**，如圖表 1-2。

試著將自己原先分配在煩惱階段的有限精力，挪出一點轉移到實踐階段，不僅更能忠於原先的目標——即「實踐某個決定」上，在實踐過程中若遇到新的難題，也能更有餘裕去應對。為轉換成前述模式，比起絞盡腦汁尋找最佳解答，我們似乎需要

圖表 1-1　過度「煩惱」的思考過程

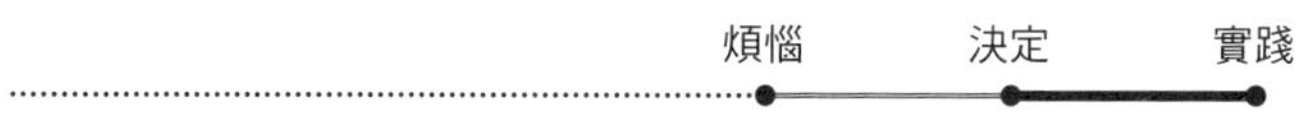

圖表 1-2　著重「實踐」的思考過程

先知道如何做好煩惱這件事。為確保自己有足夠的時間進行健康、合理且有效率的煩惱，我們需要先學習「如何煩惱」。

最理想的煩惱模式，是在不阻撓煩惱的前提下，**快速有效地思考過後，果斷做出決定，達到身心的最佳狀態**。也就是說，我們其實無須浪費心力去尋找完美無缺的解答，因為那並沒有太大的意義。

3 成熟大人懂得好好煩惱

如何做好煩惱這件事？首先，要先了解兩件事，一是我們的情緒，二是大腦的運作機制。**情緒會對思考產生很大的影響**，即便是每天都需要完成的例行事務，在陷入生氣或憂鬱的情緒時，原先熟悉的事情也可能變得像是初次嘗試般不得要領，而煩惱也是如此。

大腦處理事情的能力其實比我們想像的更為有限，只要理解這點，便能妥善運用大腦的運作機制來進行煩惱的過程。一旦熟悉情緒與大腦的運作過程，就會發現，**儘管每天看似千愁萬緒，但真正困擾我們的重要煩惱其實不多**。

我的個性說好聽點是謹慎，說難聽點就是敏感小心。每當有事要請醫師同事幫忙時，在打電話之前，我都會先上醫院網站確認他們是否有門診，即使他們沒有門診行程，我也會先傳訊息詢問，並在他們回覆後才撥打電話。我在做決定前，總是要反覆斟酌很久，但有時候，我也會破天荒做些意料之外的事。例如前面提及在前往加拿大時，連全家人要落腳的公寓都還沒有定案，我就先帶著一家大小搭上了飛往多倫多的班機。這樣看來，我的煩惱類型似乎是「因小失大型」，很常煩惱一些瑣碎事物，而忽略一些真正重大的煩惱。

待在加拿大的一年間，我每週需接受四次精神分析師的指導，在這過程中，我也進一步認識到不一樣的自己。在更認識自我後，我做決定時有了明顯的改變，現在的我能更輕鬆地做出決定。相較以往，不再這麼糾結於煩惱，從思考到下決定的時間也減少了，沒那麼執著在過去發生的事情上，並且能更專注於實踐目標。**因爲我了解自己，便不太容易被情緒左右，能夠明確區分哪些是我力所能及的事、我不想做的事，以及我做不到的事。**

何謂成熟的人格？雖然有各種定義與解讀，但在我的認知裡，**成熟的人即是指那些不會被個人情緒左右，並且不花費過多心力在做決定的人**。他們通常會保持良好的心情，與其不斷煩惱，更著重實踐，能夠時刻反省，卻不深陷在懊悔之中，而這樣的人在社會上必定能夠如魚得水。

由此看來，懂得好好煩惱不也是成熟大人的特徵之一嗎？蜂擁而至的煩心事總讓我們無法維持內心的平靜，消除了一個煩惱後，另一個煩惱也隨之而來，這便是大人的生活，亦是我們的人生常態。我們所能做的只有找出「更有效的煩惱方式」，節省自己有限的力氣，畢竟人生如此短暫。

第2章

讓你胡思亂想的 9 個心理元凶

4──缺乏自信‥對結果抱有太高期待

日本錦鯉因生長環境不同而有不同的身形變化，養在小水族箱裡的錦鯉身長至多只有五至八公分，但在池塘裡的錦鯉可以長到二十五公分，若是放養在大河川，甚至可以長到一百二十公分長。

煩惱也是如此，我們的內心就像養魚的水族箱，根據環境不同，煩惱的大小可能會長成魚缸大小，也可能會跟河川裡的鯉魚一樣大。內心各種繁雜思緒與心理問題，可能導致原先只有水族箱錦鯉大小的煩惱變得更大。連思考都還沒思考，就先害怕事情無法解決，等於低估自己解決煩惱的能力；反之，也會遇到在需要他人幫助才得以解決事情的時候，卻認為自己獨自就可以解決，高估自己能力的情況。

想妥善解決煩惱，要先從審視煩惱開始。如果能不被周圍狀況左右，以正確而不帶偏見的觀點來端倪問題當然最好，但人心不像科學，我們可能會將不重要的小事異常誇大，例如：把爬社區後山看成像是要攀登白頭山一樣困難，令內心感到負擔不已。**心理因素會一點一點蠶食我們的思考空間，進而妨礙我們發揮自身能力，甚至誤導我們煩惱的方向**。最終，可能會將力氣都花在不重要的小事上，反而沒有多餘心力去應對重要的煩惱，因為錯估煩惱的大小，導致沒有多餘的腦容量去處理真正該煩惱的事情。

你現在是否也正在思考著某件事，遲遲無法下決定呢？假設你也是如此，不如試試思考這些問題：現在我的內心狀態如何？是哪一種情緒阻礙了我的思考？又是什麼令我疲憊不堪？

不相信自己，又想找到完美解答

我用了四年左右的筆記型電腦性能已經不如以往，常會發出噪音，用到一半還會突然關機。我很怕所有資料跟文稿會不翼而飛，匆忙開始物色新的電腦。在搜尋欄中輸入「筆記型電腦」，搜尋出來的商品結果竟有二十七萬件，光是電腦機種跟廠牌就有很多選擇了，一件件點進去看後，發現還要考慮電腦螢幕大小、重量、CPU、儲存空間，甚至連螢幕是否要選擇觸碰式都要煩惱，需要考慮的事情多不勝數。比較商品的性能條件很有趣，同時也很累人。

雖然我很滿意現在用的筆電，但這間公司是專門生產桌機的，筆電已經停產了。以前考量到筆電的便攜性，所以買了十三吋的，隨著年紀增長，現在勢必要換更大一點的螢幕，十五吋螢幕的筆電雖然比較好看，卻不方便攜帶；再加上主要用途是寫作，所以我對鍵盤觸感、手指的舒適程度、按鍵排列等更為在意，如果按鍵排列方式太混亂或太小，就會很容易打錯字，所以在購買時，不能單單考量筆電的便攜性，連這些因素也要一併考慮進去。

有了這些篩選條件後，我成功將數十個筆電選項刪減到兩個選項。本以為這時我的煩惱會大大減少，但在瀏覽這兩款筆電的使用者心得時，哎呀，又不自覺嘆了好幾口氣。因為看到好幾則使用者評價都對該款筆電不太滿意，還批評了我在意的那幾點。在按下結帳按鈕前，所有事情彷彿回到原點，因為選不到滿意筆電的懊悔、看了太多資訊而超載的大腦、還有遲遲無法下決定的自己，種種因素讓我自責不已。

又不是第一次購買筆電，也不是說買錯一次筆電，人生就會留下無可抹滅的汙點，更何況這是我睽違多年的購物機會，為什麼遲遲無法下決定呢？

最大的原因在於我不相信自己的選擇，認爲自己的決定不夠可靠，沒辦法就此結案，想著肯定有更多更好的選擇，爲此感到不安，並努力去蒐集更多資訊。每次做決定時，只要出現一個與結論相悖的證據，不僅無法說出「沒事，不影響大局」，還會從零開始重新來過。這是出於我不相信自己，同時認為一定可以找到完美解答的心理。

再深入一點回溯這類煩惱的過程，會發現我們通常會對結果抱有太高的期待，**當對結果有錯誤認知時，對結果的期待與對失敗的恐懼也會隨之增加**。因為必須做出最好的選擇，所以會想盡可能蒐集更多資訊，雖然蒐集資訊要花費不少時間，同時也會因為自己很努力，便以樂觀的態度來看待事情結果。蒐集完情報後，再根據過往經驗去模擬各種可能性，剔除無用的資訊與事物，還有跟現在所需較無關聯的情報，這階段就跟蒐集資訊一樣費工。當然也可能在挑選的過程中，得到意料之外的新資訊，而讓一切工作從頭來過。然後重複幾遍這個流程，並尋求旁人的意見，以確保資訊沒有遺漏，確定這是自己做出的最佳選擇，才能感到放心。

正因為給我建議的人是我很信賴的對象，當他的建議與我的決定有出入時，或是指責我原本就猶豫的部分時，不僅沒有達到縮小選項範圍的目的，反而會使煩惱倍增。直到做出決定前，痛苦都會只增不減。若因時間緊迫而不得已做出決定，事後肯定會後悔。

經歷過這種令人厭煩的過程，下次再遇到類似的情況，就能痛定思痛馬上決定嗎？答案是不會。煩惱時間只會變得更長，並無限循環這段痛苦的過程，困於「肯定會有更好的選項」及「我的選擇必須是任何人都無法反駁的最佳選擇」等想法中，無法脫身。

煩惱的過程，是一種成本

在沒有整理好的情況下盲目蒐集資訊，容易分不清重要和不重要的資訊。這種觀念即是「強迫思考」（obsession），強迫自己蒐集各類資訊，在蒐集的過程中，想到自己正在努力，就會放心許多，緊張和不安的感覺也會隨之減少。

強迫思考有個好處是會出現「情感隔離」（isolation of affect），將自己投身於知識情報裡，會啟動名為「理智化」（intellectualization）的防禦機制，就像建立一堵高牆，隔離恐懼、不安等情緒。**強迫自己投入一件事情，可以暫時避免因低存在感而產生的不安、憂鬱、後悔等情緒**，可一**旦離開這種狀態後，這段期間蒐集的資訊量，會像堆積如山的垃圾般出現在我們眼前**。要重新整理這些資訊並做出判斷，只會使我們離最終的決定越來越遠。

為做出最好的選擇而陷入更長時間的煩惱中，除了會對心靈造成負擔，更大的問題是——**因無法做出抉擇而苦惱的時間，我們會將其視爲一種支出成本**。

荷蘭社會心理學家艾普・狄克思特修斯（Ap Dijksterhuis）在家具賣場進行了一項實驗調查，他將顧客分成「進入商場後馬上選擇商品購買的人」和「長時間停留後審慎評估購買的人」兩類，在他們購買商品幾週後，分別進行滿意度調查。他最初的假設是「審慎決定購買能提高滿意度」，結果卻截然相反。考慮很久後才購買商品的顧客平均滿意度，比速戰速決購買商品的人更低，因為前者認為煩惱的時間與思考所耗費的腦力，也是一筆支出成本，進而降低了滿意度。[1]

一進到商場，看到「今日特價商品」就立即結帳的人，沒有看到賣場內的其他東西，回家後也沒有可比較的對象，因此他們的消費滿意度只取決於該產品本身的性能。相反地，逛遍整個大賣場，看了數十個家具，不斷煩惱後購買的人，回家後卻很容易後悔，「啊，早知道就買紅色椅子了」、「布料好像比皮革更好耶」……對自己先前做出的選擇不再心動，卻對錯過的商品懊悔不已。一旦有了這樣的經驗後，下次做決定時，可能會面臨一樣的難題。

美國最具代表性的退休年金制度「401(k)退休福利計畫」，是採取勞工本人自願提撥部分薪資，投資到各種基金的投資帳戶形式。若投資帳戶中包含的基金數為四個，勞工的參加率最高，約為七五％；但當基金超過五十九個時，參加率僅六〇％上下。雖然可供選擇的基金越多樣越好，但正是因為可以選擇的東西太多，導致很多人無法做出決定，最終，因想太久而不參加退休年金制的人數也逐漸增加。[2]

煩惱是一種成本，當我不夠堅定或不夠相信自己的選擇時，不僅內心會十分沉重，煩惱也會反覆困擾自己。

5 不安：把事情看得太嚴重，忍不住焦慮

假設這週日要和家人去遊樂園玩，有些人會在週六晚上將興奮的孩子哄入睡後，開始規劃隔日的行程：「路上可能會塞車，七點起床，提早出發好了，早餐在休息站吃就行。」大致想完計畫後才會入睡。但對某些人來說，連制定這類簡易計畫也很困難。無法理清的思緒，再加上對各種事物的擔心，使他們連覺都睡不好。這類人總是有各種煩惱，像是：

「上次太晚出發，光上高速公路就花了一個小時，令人煩躁。塞車時，小孩卻說想上廁所，只能把車停在路邊趕快處理，真的很累。那天停車場客滿，光停車就花了一小時，而且從停車場到售票處太遠了，還沒進遊樂園就已經累了。甚至回家時因為累到打瞌睡，差點發生擦撞事故，所以明天得六點起床出發才行。如果孩子要上廁所，是不是應該準備一個桶子？高速公路可能會塞車，走省道好了。感覺休息區也會很多人，還是

趁現在凌晨去超商買點吃的好了？怎麼大家每個星期天都要出門玩啊？假日到處都是人。我辛辛苦苦工作好幾個月才能出去玩一次，大家好像都有錢又有閒。相較之下我有夠可憐，連這麼簡單的出遊都規劃不好。如果平時常常出去玩，孩子就不會這麼期待了。唉，都是我太沒用了……」

其實想到這邊，差不多就能睡覺了。但這個人卻可能每兩小時就會醒來確認時間，到最後乾脆放棄睡覺，起床洗澡，獨自收好行李後，背著還身穿睡衣的孩子上車。開車時儘管自己口乾舌燥，中途醒來的孩子說想上廁所時還要安撫他們，叫他們忍耐一下。直到在遊樂園停車場快速停好車，通過售票處那刻才能安心。與其說是去遊樂園玩，更像在比賽，要隨時做好進入戰鬥的心理準備。究竟為何會這樣呢？

煩惱和不安感密不可分

通常在制定明天的計畫時，煩惱的內容都以過往的經驗為基礎，尤其是以過去不便的經驗為主，來思考明天的行程。對於當時的記憶，還會再加上煩躁、疲累、可憐等情緒，進而引發煩惱。也就是說，過往去遊樂園的疲憊經驗、鮮明的情緒記憶，使我們過度擔心。而越是煩惱，越容易感到不安。最後，對孩子感到抱歉，加上平常備受工作折磨，導致自尊心低落。生理也會受影響而難以入睡，還會害怕隔天太晚起床而睡不著覺，在種種擔憂下，甚至可能會睡過頭而搞砸一整天的行程。

為了制定出適當的計畫，導致煩惱轉變成不安的情緒，這是由於從大腦前額葉到邊緣系統的連結網路中，受到情緒因素影響，進而在解讀同一事件時產生差異。**在感到不安的情況下，大大增加了要煩惱的事情數量。事實上，煩惱和不安感密不可分。煩惱是爲了解決不安，苦心思索出解決方案後就不會再感到不安了**。由此來看，不安是擔心「未來」可能發生的事情，並提前做好準備，以避免自己陷入危險的境地。

適度擔心和做好事前準備的行為，我們將其稱為「緊張」，若太超過就會變成「焦慮」。適度擔心和事前準備當然是好事，但若加上焦慮情緒，原先米粒般大小的煩惱也會變得跟聖母峰一樣大。**凡事都應適可而止，過猶不及，適當擔心、適當準備就好**。

例如：面對考試時，自律神經系統中的交感神經適當活化，就會使我們「緊張」。考試在即，我們的身體會自動分泌腎上腺素，使心跳加速、唾液分泌量減少。但若將每週小考都當成期末考或學測一樣重要，就會使交感神經過度亢奮，陷入「焦慮」狀態。

因此緊張與焦慮其實是相同反應下的不同結果。

避免陷入過度焦慮的惡性循環

正確評估自己周遭發生的事件並適度煩惱固然重要，可若擔心變成了焦慮，就會出現問題。之所以會變成焦慮的原因有二，一是高估了目前所處的狀況，把事情看得太嚴重；二是對事件的判斷雖然合理，但反應過度。兩者都是為了躲避或妥善應對危急狀況，卻因為錯誤評估狀況和錯誤的應對，讓自己的煩惱進化成焦慮。**本來是爲了避免焦慮而提前開始煩惱，卻又因爲煩惱而引發焦慮，兩者陷入互相糾纏的惡性循環**。

其實，**擔心具有控制和減少焦慮的功能**。感到不安時，心跳會加速、肌力會提升、會口乾舌燥。人進入擔心狀態時，會等待大腦「戰鬥或逃跑」的命令，這是大腦邊緣系統活化後，想要提升身體動能的生理反應。邊緣系統是哺乳動物大腦中的一個部位，為了生存和適應環境，具有快速判斷情勢和應對各種狀況的功能。邊緣系統能夠察覺環境變化的趨勢，為保護自身安全而探索周遭，找出事物的運作模式，將過往不好的記憶相互連結，在大腦額葉評估狀況做出判斷之前，就提前快速做出應對。

焦慮反應是以邊緣系統內的杏仁核為核心的生理反應，擔心反應則是由額葉前半部（前額葉）掌管的一種認知行為。前額葉約占大腦的二〇％大小，人類獨有的思維特性，如專注力、判斷力、靈活性、抽象思維等能力，都由前額葉掌管，因此人類的前額葉在大腦內的占比，比其他哺乳動物和靈長類動物都要多。

前額葉是為了解決問題而進化的人體部位，負責整合資訊、評估選項並做出決策，但處理資訊通常需要很長的時間。因此人類的大腦分化出「雙軌系統」，將邊緣系統和前額葉設置成如同音樂正反拍一樣的反應系統，兩個系統也會相互作用影響。

平時由前額葉操縱邊緣系統，而前額葉可再區分為「腹內側前額葉皮質」和「背外側前額葉皮質」，當腹內側前額葉皮質活化時，**焦慮會使我們減少關注體內信號或變化，並誘導我們關注外界發生的事情**，腹內側前額葉皮質會傳遞出「不要在意身體內部發生的事情，注意外部危險吧」的信號；若是背外側前額葉皮質活化時，則會安撫在邊緣系統裡負責處理恐懼反應的杏仁核，避免引發人體的焦慮反應。[3] 如果兩者功能正常，**內心就不會過分焦慮，也就不會因焦慮而產生更多擔憂**。

當我們感到不安時，正常情況下前額葉會增強活動，引導我們審視現狀、尋找解決方案，進而安撫受驚的杏仁核，使焦慮逐漸平息，維持大腦的正常運作。若前額葉能有效調節杏仁核，適度的擔憂將轉化為規劃與行動，此時的不安僅是短暫的緊張反應。

然而，**若對未來抱持過於悲觀的負面情緒，將削弱前額葉的調節功能，使杏仁核持續活躍，導致不安感加劇**。最終，人們會感到失控、失去自信，擔憂升級為不安，而不安又反過來強化擔憂，形成惡性循環，反覆陷入煩惱之中。

6 低自尊：過度在意他人評價

一般公司聚餐，本該在吃完美味的晚餐後，開心散會就好，但總是有上司覺得不夠盡興，堅持要去 KTV 續攤。煩惱就從這一刻開始，不知道自己該唱什麼歌，如果唱喜歡的獨立樂團歌曲，可能會被說不合群；如果選熱門歌，又可能被說是不是常常流連 KTV；選抒情歌肯定會破壞氣氛，太久以前的民歌好像也不太好；應該要唱大概十五年前流行的歌，這樣上司可以跟著唱，節奏既要適中，又要能炒熱氣氛，這種歌到底去哪找啊！

在閱讀厚重歌本時，時間不知不覺就過去了，能唱的歌曲選項也不斷減少。若抱著破罐子破摔的心態隨便選歌，那剛剛的煩惱不就白費了，還會覺得自己能力不足，連這點事情都做不好。真的是自己能力不夠嗎？還是這種連小事都拿捏不好的個性，不適合在這世界上生存？

因在意他人眼光而恐懼失敗

如果是能力不足，可以透過努力來解決，但自嘲個性只會徒增挫敗感，因為性格是不容易改變的「常數」。而導致我們煩惱的時間變長，遲遲無法做決定的原因主要有二，一**是受到他人評價的影響**，**另一個則是恐懼失敗**。

個人做出的判斷同時也是規範自我的標準，隨著判斷的數量不斷累積，會形成自我認同感。然而，**對他人評價越敏感的人**，**越會認爲他人對我的評價決定了我的樣子**。這種自我並非「我認為的我」，而是由「別人對我的評價」匯聚而成的我，又稱為「反射評估」（reflected appraisal，或稱反射性評價）。

將自己的存在感建立在他人的評價上，如果別人說我很帥，我就會覺得我是一個很帥的人；如果被別人不當對待，我也會認為是因為我只配受到這種對待。如此一來，對外界的評價會更加敏感，心情更容易因別人的稱讚或指責而上下起伏，難以保持平常心。

這類人即使他人不明說，也會先猜測他人對自己的評價，或從旁人的隻字片語中，拼湊出「他人對我的整體評價」，以此來定位自己。因此他們特別重視自己的名聲，也格外在意別人的眼光。表達意見時，比起言論的正確性，更在意「我說出這種話，別人會怎麼看我？」如果他人對其觀點沒有給予明確回應或熱烈支持，就會感到十分受挫，即便自己認為那個想法本身並無不妥，也難以釋懷。

這會使他們更害怕失敗。若決策有獲得他人支持，即使失敗也能得到安慰；若是自己做決定時，情況就會完全不同。他們擔心，若推動他人不感興趣或反對的事，萬一事情順利，就會遭人嫉妒；萬一不順利，就會淪為大家的笑柄。

當這種情況反覆發生，自尊心不僅會越來越低落，也會更在意他人的評價，甚至延遲決定或過度倚賴他人。即使自己做了某個決定，也對自己的選擇沒有信心，常常會問別人的意見，而且會反覆確認。即便知道自己這樣做有點誇張，也無法停止，這種行為在心理學稱為「過度尋求再保證」（Excessive reassurance seeking）。

然而越是反覆確認，與對方的關係可能變得越差，對方也許會訝異你如此不信任他，同時也會對你的再三確認感到疲憊；對方的回應若變得冷淡或尖銳，很可能使我們認為自己做了錯誤的決定。再緊密的友誼，也可能因而破裂。

同樣地，當這種決定帶來好結果時，會認為不是自己努力得來的成果，難以將其視為自己的成就；當事情不順利時，則會嚴厲自責沒有做好，或者怪自己沒能堅持己見，總被他人牽著鼻子走。無論結果好壞，自己都會受傷。**低自尊的人，即使成功也不會認**

爲是自己的成就，失敗時則更加內耗。

自尊心高的人，對事情的認知往往是「成功是多虧了我的努力，失敗則可能是環境因素」，這其實是一種自我保護機制。然而，低自尊的人則沒有這種自我保護的想法，同樣一件事，他們會覺得「成功是運氣好，失敗都是自身問題」，因為過度自責，而陷入自尊心更低落的無限惡性循環，最終導致失去解決問題的意志，在茫然自失的空轉下耗盡能量，身心俱疲。

內心缺乏明確的價值標準

自尊建立於對自身行為與想法的信心，就像嬰兒長大後自然學會運用四肢，他們相信自己能夠掌控身體，因此產生了「自信」。當確立自己在這世界上的存在後，就會開始與他人比較，並透過這個過程獲得優越感和自卑感，建立起一個人的自尊心。不斷重複這個過程後，就會形成一個人的生活準則，不再仰賴外在標準，而以自己的價值觀過生活，這便是自尊的起點。

由此可知，**自尊低落的主要原因在於內心缺乏明確的價值標準**。內心缺乏衡量的尺規，才會導致煩惱不斷，難以做出決定。或是在做出決定後，也難以付諸行動，因為不相信自己能夠實踐決定好的事情。儘管尋求他人意見能帶來短暫安心，但這其實無助於減少煩惱或真正解決問題。

7 憂鬱：內在能量不足，就提不起勁

「是不是我做錯了？」

一名在同間公司工作長達六年的男子，某天來到我的診間。他被調到另一組，本以為只要自己努力工作就會相安無事，但組長不僅看不起他的大學學歷，其他同事也開始跟著忽略、霸凌他。他與組長大吵一架，一氣之下便辭職了。他休息了半年左右，等心情平復後，打算找新工作，卻發現工作不好找，就這樣又過了一年，處處碰壁的生活，讓他很後悔過去做了衝動的決定。於是他來找我，想跟我確認，這一切是不是因為他當初做錯了選擇。

人都會試圖解釋自己的情緒，高興要有高興的理由，憂鬱也要有憂鬱的理由，心裡才會感到踏實。心情不好時，總要找出自己是從何時、哪裡開始不對勁，才會承認並接受自己心情不好。

受困於過去，讓人失去前進動力

用時間來說明的話，憂鬱指的就是回顧過去時感到後悔的情緒。**一旦感受到憂鬱，就會進入能量不足的狀態，對當前狀況的判斷也會變得保守**。與其進行新的嘗試，更傾向於掌握現有的事物和維持現狀。陷入憂鬱時，會不斷回憶過去，想要找出「是從何時、從哪裡開始做錯了」，如此反省自己。

人的確需要反省，乍看之下，「反思過去」與「後悔」相似，但兩者之間存在著差異。反省是藉由客觀評估，找出過去行動的錯誤之處，修改自己的行動模式、目標和思考方式，以免重蹈覆轍，這是反省的完整過程。

而後悔則是在反省中參雜了憤怒、悲傷、恐懼、疏離感、無力感等負面情緒，導致無法客觀審視自己過去的決定。過多的負面情緒，會讓人對過去的經驗評價過低，將其視為致命的失誤或失敗。隨著憂鬱情緒加深，甚至還會產生更大的副作用，把毫無關聯的事也攬在身上，認為自己的失敗早有預兆，所有的情況都會導向失敗，從而歸納出一個結論——我是無能的人。太專注在自責上，反而無法採取後續行動。

在憂鬱情緒主導下，原先的煩惱只會變得更難解決，過去的經驗影響現在的煩惱，

使人對自身能力與成就產生懷疑，並將眼前的困擾視爲失敗的根源。將所有失敗都歸咎於自己身上，只看見劣勢，對未來不抱有希望，反正不管怎麼做都會失敗，因此更不想做決定。而過去是無法挽回的，時間只會不停流逝，但憂鬱情緒會激起想要回到過去的強烈欲望，不斷在心中盤旋著「如果回到當初，我絕不會做出這個選擇，全都是我的責任」的想法。當這種想法與「現在無力回天」的現實交織時，便會加重憂鬱的情緒。

走路時若總是回頭張望，便很難加快前進的速度，稍有不慎可能還會撞牆或失足。憂鬱也是如此，**面對事情如果太過憂鬱懊悔，會更難找到前進的方向，前進的步伐也會變慢**。

後悔讓我們失去前進的動力，無法前進，就無法補充能量，超過一定的程度後，甚至連維持日常生活的基本能量都不夠，憂鬱便從這裡開始，與後悔相互銜接。換言之，憂鬱代表心靈能量枯竭，憂鬱的人會衡量自己現有的能量，重新做出判斷和行動。他們的感性會影響理性，採取防禦、保守的模式來保護自己，盡可能降低內耗、不嘗試新事物，只做最基本的事，容易對突如其來的事情感到煩躁。他們保守悲觀地預測未來，若有人提出新點子，會給予否定評價，只想完成他們認為「至少要做到」的事。但若是連他們自己認定的「基本」都做不好時，就會出現危險信號，此時會引起羞愧感和罪惡感。

因罪惡感與羞愧感，變得更保守

內心的能量會在某一天突然消耗殆盡，如果能量下降時，可以收到「能量不足」的警告就好了。我們可以每天確認存摺上的餘額，卻無法查看內心的能量餘額。內心的能量幾乎每天都入不敷出，然後在意想不到的瞬間見底，此時我們通常會慌亂不已，但也會試圖找出原因，責任心越強的人通常越想找出原因，背負的罪惡感也越大。他們會認為是自己給周圍的人帶來麻煩，因為自己事情才沒辦法完成，將事情不順利的原因歸咎於自己。如果是本來就會想很多的人，這種情況會更嚴重。

這些想法皆源於一種名爲「責任感」的自我預設，陷入煩惱時，會先自認是「有責任感的人」。正因如此，自己更應該先充分掌握情況，深思熟慮下一步，如果連力所能及的事都做不到，或沒有預料到所有可能會發生的情況，就會覺得自己是不負責任的人。一旦這類帶有強烈責任感的人遭逢失敗，或是內心能量大幅下降時，就會引發他們嚴重的罪惡感和羞愧感。

這兩種情緒與憂鬱緊密相連。罪惡感讓人覺得，自身內在的道德標準已然違背社會共識。羞愧感則是受到社交關係刺激後的反應，會以暗示的方式展現，而每個人對同一件事的感受不同，導致這種感覺變得更私密。另外，羞愧感依附於對名譽的恐懼，一旦失去他人的關注，便無從產生。

憂鬱會加劇羞愧感，使人變得敏感。他們容易將他人中立的態度，錯誤解讀為有意迴避與疏遠自己。他們深怕自己連這種小事都煩惱不已的行為，會引發他人的厭惡和排斥。**這種恐懼使他們在日常閒談中也躊躇不決，總是錯過決定的時機、在意別人的眼色，進而畏縮不前，而這種尷尬的行爲加速了能量的耗損，使他們變得更憂鬱**。

這種情況下，煩惱會被過往的經歷限制，引導人做出過於保守和安全的決定。同時刺激人的罪惡感和羞愧感，讓人莫名開始自責，貶低自己的價值，迅速消耗內心的能量，最後連煩惱的力氣都所剩無幾。

8 過度心理化：自認心裡某處出了問題

努力觀察和理解自己的內心世界，對自我反思而言固然重要。但若過度沉溺於內在探索，反而會與外界產生隔閡，對自身狀態的細微變化變得過度敏感。此時，可能會將無關緊要的情緒和感覺，乃至日常生活中的芝麻小事，賦予過多意義，認為自身的微小變化會引起巨大波瀾。進而覺得自己「不正常」，還會常常問別人：「我現在這種想法和判斷是正常的嗎？」這種過度內省的傾向，會把無可避免的意外、跟自己無關的事、人際相處中自然發生的事，都歸咎於自己的個性問題。

「都是我的個性問題，因為太羨慕朋友，又容易自卑，才會總是揪著朋友的小失誤不放，傷害了朋友。像我個性這麼尖銳，果然不適合與人相處，我根本就是刺蝟。」這種「自問自答」式的獨自心理分析，往往將本應隨時間淡化的日常摩擦，過度解讀為自身的性格缺陷，從根本上認為自己「不正常」。當普遍被大眾追求的「正常與規範」，轉變成個人內在的心理問題時，自我反思的方向就會完全變調。

近來，心理學類的書籍越來越受歡迎，心理諮商也逐漸被大眾所接受。心理學變得平易近人固然是好事，但也帶來潛在的影響，如同有些人會自行研習手相、命理一般，越來越多人也開始未經專業訓練，便自行剖析心理狀態，或濫用「心理創傷」、「壓力」、「情結」等心理學術語。**而若是本就敏感且共感能力較高的人，接觸心理學知識後，在遭遇挫折時更傾向於自我歸因，易將自身代入各種情境並過度內化**。

像這樣將所有事情都「心理學化」（psychologicalization），會使人傾向於將自身問題跟性格、偏好、情結等個人心理特質聯繫起來，或是把現在的問題怪罪於過去發生的事件。發生事情時，比起思考解決方案，更傾向於將精力放在把問題變合理與正當，認為「我之所以會這樣，都是因為某件事造成的」。然而，這種心理學化的思考越深入，自身的缺陷與問題就越發明顯，如同傷口被深掘般痛苦，卻離實際的解決方案越來越遠。

如此一來，生活中那些無可避免、屬於正常範圍、可預測的瑣碎問題，都會變得像地雷區般危險。當內心變得過於敏感時，不用掀起一公尺高的波浪，但凡十公分的漣漪也會被賦予意義。**如果用顯微鏡般的視角來審視、探索、解讀內心，就連日常小事也會被放大成痛苦的來源，煩惱自然隨之暴增**。這類人相信，唯有深刻反省並發掘「真實的自我」，才能找到隱藏的癥結點，進而一舉殲滅所有痛苦。**但事實是，這樣做除了加重煩惱，還會導致無法解決的問題不斷累積。**

9 迴避思考：害怕改變，選擇維持現狀

來找我諮商的青少年，有些人經常用「麻煩」來形容自己的狀態，其實不是真的遇到麻煩，比較像是他們不想感受思索問題時隨之而來的情緒。有些人非常討厭陷入煩惱之中，索性啟動「迴避思考」的防禦機制。這跟只關注內在而無法解決現實問題的「心理學化」相反，他們選擇迴避自己的煩惱和推遲決定。

隨著世界變得日益進步和複雜，煩惱的事情也會增加。當需要考慮的變數增加，負擔就會變大，因此不難理解為何有些人想要延後做決定。美國一項研究結果顯示，二〇〇七年，有拖延習慣的美國人占二六%，比一九七八年的五%，足足增加了五倍，顯示有推遲決定習慣的人數正逐漸增加。[4]

無論再怎麼推遲，最終仍需做出決定。往往是到了最後關頭，迫於無奈才匆忙做出選擇，卻又對該選擇充滿疑慮，甚至覺得自己苦惱了很久，誤以為中間因猶豫不決而推

遲決定的時間，即是「實際煩惱的時間」。**縱然能感覺到時間正快速流逝，但越是抗拒思考和做決定，越會覺得下一階段要做的事情令人感到疲憊和負擔，如此一來就越想延後決定。因爲在迴避決策的過程中，得以暫時抽身，逃離至安全地帶。**

但時間不等人，這是迴避問題的致命缺陷，過去的煩惱只會連同利息加倍奉還。

那麼，當問題避無可避時該怎麼辦？此時，人們就會選擇另一種安全保守的方式——維持現狀。為了開創新局面，而放棄現有進度、回到原點重新審視問題，既危險又耗費精力。更何況，這意味著又要重啟令人退避三舍的煩惱階段，於是當問題不大時，維持現狀成了普遍的選擇，也就是採取「按照慣例」的保守策略。

人們之所以想維持現狀，是因爲害怕選擇與行動後，會發生意想不到的變化和衝突。維持現狀，任其依照慣性發展，是降低內耗的最佳方式，這種選擇會給人安全感，並減少內心的抗拒。在維持現狀的前提下，我們就能專注在細節上，因為細枝末節並不會影響大局，同時還會給人一種「我有在做事」的安全感。

但維持現狀更像是溫水煮青蛙，**當一艘船航行在風暴中心時，若船長只顧著修理船艙內晃動的門板，而不改變航行方向，最終船隻只會在維持現狀和拘泥於細節的過程中沉沒。**

10 情緒記憶：回憶會左右我們的煩惱

遺忘負面經歷並不容易，與美好的事物相比，過去所發生的壞事在我們腦海中保存的時間更長。如同記憶倉庫裡塞滿了我們亟欲報廢丟棄的壞事，難以騰出空間容納其他回憶。

然而，那些幸福美好的記憶，卻異常容易被遺忘，例如：通過了艱難的考試、生日當天收到期待已久的禮物、尾牙時幸運抽到想要的獎品等，這些曾經發誓要銘記於心、在疲憊痛苦時回顧的珍貴瞬間，往往數日後就記不清了。反之，童年時感到羞愧的記憶，卻像昨天才發生般歷歷在目，而當年苦背的歷史年表，卻早已不記得，著實令人感到不可思議。

還記得那是國小五年級的事，堂姐在我們國小當音樂老師，每週上課，堂姐都會特別關注我。當時的我認為「男生就是要學跆拳道啊」，因此從未額外學習過鋼琴等樂器，也沒什麼音樂天賦，音樂課對我而言非常無聊。然而，不知其中緣由的堂姐有一次卻在課堂上點名我唱歌，我只好起身，像讀國語課本般結結巴巴地讀出音階，惹得全班哄堂大笑。我感到既生氣又丟臉，便哭了起來，堂姊似乎也覺得不好意思，從此便沒在課堂上點名我了。

這結局聽起來似乎皆大歡喜，但即便過了四十年，我仍舊清晰記得那天教室的氣氛。我至今仍對唱歌感到抗拒，在別人面前更難以開口，明明已經過了很久的事件，到現在仍深深影響著我。

負面情緒會深植於記憶中

當我們感到煩惱時，也經常會面臨類似的狀況。過往的情緒記憶，會在不經意間浮現，並不知不覺影響我們。彷彿在畫布上作畫，在關鍵時刻意外潑灑上一抹顏料，思緒瞬間被擾亂。若按照平時的理性邏輯，其實沒理由感到這麼苦惱，但內心卻會莫名地猶豫不決，思緒也變得異常複雜。這是因為情緒不斷踩著剎車不放，導致我們無法輕易做出決定。

為何會如此？首先，我們傾向於將負面事件記得更長久。從記憶形成的瞬間來看，當我們滿足了進食的慾望時，我們會記住愉悅的情緒；而在飢餓狀態下，則會留下痛苦的記憶。

美國科學作家沙曼・亞普特・蘿賽（Sharman Apt Russell）在《飢餓》（*Hunger*）中探討了情緒和飢餓的關聯性。她指出，飢餓感會觸發身體的求生警報，警告我們——一旦肚子餓，就會失去能量，接著很快就會死亡，必須馬上去找吃的。如果猶豫不決，連尋找食物的力氣都會消耗殆盡。此外，我們也會記住曾遭遇飢餓的地點——若該處缺乏水源，甚至是一片荒漠，便絕不能再次前往。大腦會將這些記憶設定為長期保存的類型，基於這兩點，動物在飢餓時會迅速進入警戒狀態，並採取行動，因為飢餓的記憶會在腦中留存極長時間。

相反地，飽足感是令人滿足的美好回憶。當胃部有飽足感時，為了消化食物，身體會分泌各種激素與神經傳導物質，如腦內啡，進而刺激副交感神經，使血液集中於腸胃，促進肌肉的收縮與舒張。但飽足感消退的速度往往比胃部消化的速度更快，這是因為如果胃部空空如也，卻仍有飽足感，那當周圍環境資源匱乏時，將面臨找不到下一餐的風險。再者，若因飽足感而變得懶散，反而可能成為其他捕食者的獵物。因此能夠在胃部尚未完全消化前，充分感受到飽足感的動物，往往位於食物鏈的最頂端。從生存的角度來看，飽足感的及時出現與迅速消退，最能保障我們的生命安全。

生物的本能警訊促使人類大腦進化，並發展出多種情感。飢餓、痛苦、焦慮、恐懼、憂鬱、悲觀等屬於負面情緒，除了飽足感屬於積極情緒，樂觀、快樂、放鬆與幸福感也歸類為正向情緒。**正向情緒往往轉瞬即逝，而負面情緒則深植記憶，即使試圖遺忘也極爲困難，這是做爲動物的人類爲了生存而建立的系統**。但隨著人類大腦迅速進化，壽命大幅延長，超越了原始生存機制的設計。活得越久，累積的痛苦記憶也越多，當這些負面記憶層層堆疊，大腦便更難擺脫其影響。

隨著年齡增長，無論再怎麼小心，都不免會受到精神上的打擊或心靈上的傷害。研究顯示，青少年時期之前若經歷可能導致心理創傷的事件，將對人格塑造產生深遠影響。特別是三歲前，由於負責長期記憶儲存的海馬迴尚未發育完全，這些經歷無法形成清晰的陳述性記憶，而是以情緒記憶的形式儲存在杏仁核中。當這些記憶被無意識地壓抑，未經適當處理，反而可能引發強烈的心理影響，甚至導致「精神官能症」（neurosis）。唯有透過精神分析治療，將潛意識內容帶入意識層面，才能有效緩解症狀。

至於成人期後，特別是三十歲後遭遇的重大事件，因為人格結構已經定型，一般而言，即使面臨嚴重衝擊，也不會動搖或改變人格的核心架構。雖然這些事件仍可能引發憂鬱症或創傷後壓力症候群（PTSD），但並不會全面改變個性，只會造成局部心理負擔。

雖然這可以說是不幸中的大幸，但從解決煩惱的角度來看，並沒有多大的助益。**負面情緒記憶仍然可能干擾大腦和心靈的正常運作，如果說童年經歷的負面事件，會對一個人整體個性產生廣泛深遠的影響，那成年後的負面情緒記憶，則會對特定領域造成影響**。例如：經歷過嚴重交通事故的人，可能會對開車產生強烈恐懼，或在會車時格外緊張。但這種變化並不會讓原本豁達的人變得膽小內向，有些學者將這種局部的心理變化稱為「情結」。

情緒重現：過去如何影響現在

根據奧地利心理學家弗洛伊德（Sigismund Freud）的精神分析理論，以及近三十年來對創傷後壓力症候群的相關研究，心理學家開始深入研究負面情緒對人體的影響。研究結果發現，**無論事件大小或本身記不記得，某事件形成的情緒記憶仍可能影響心理狀態與煩惱模式**。從更宏觀的角度來看，這些現象皆可視為創傷記憶機制的一部分。

為了讓大腦更有效運作，記憶會被分別儲存於不同的區域——情緒記憶儲存在杏仁核，而陳述性記憶則儲存在海馬迴。可是當情緒記憶過度活躍時，可能會對心理狀態產生干擾。海馬迴儲存的記憶類似於電腦資料，會標註事件發生的時間與地點，例如「二〇二三年一月十日上午十點，在星巴克發生的事情」，這些記憶按時間順序排列，若長時間未被喚起，便會被大腦自動刪除。**情緒記憶的運作方式則不同，它不會標記具體時間，因此即便是多年前的經歷，回想起來仍可能感受鮮明，彷彿剛剛發生一般**。

大腦之所以將記憶分開儲存，或許是因為情緒記憶涉及生存問題。為了提高生存機率，大腦會長時間保留與危險相關的記憶，並讓人回憶這段記憶時仍保有強烈的情緒感受，以便即時應對危險。例如：當人再次面對與十年前相似的事件，或接觸到熟悉的場所、氣味、人物等觸發因素，大腦便會迅速喚起相關記憶。當人陷入煩惱時，如果情緒因素過度介入，可能會導致理智受到影響，以至於無法冷靜思考；或者太過感性，把問題看得太嚴重，讓思考變得偏頗。

當生存成為首要目標時，比起精細分析現況，更需要做出快速明確的反應。**一旦情緒變得活躍，掌管理性思考的前額葉活動就會相對減弱，讓情緒記憶掌握主導權**。當大腦浮現情緒記憶時，處理情緒的邊緣系統就會變活躍，此時維持大腦運作的理性邏輯系統就會瞬間變成無用之物。那些深埋於記憶中的過往情緒，尤其是羞愧、震驚或痛苦的經歷，可能像電影場景般重現，進而加劇當下的情緒反應。這種現象稱為「情緒重現」（flashback），當情緒記憶造成創傷，而前額葉皮質功能退化時，就可能出現這種情況。

前額葉皮質負責將記憶轉換成具體意識和語言，有助於調節和控制情緒記憶帶來的影響。然而，當情緒記憶引發強烈的反應時，前額葉皮質可能難以調節，導致這些記憶如同反覆播放的樂曲般不斷重現。從認知上來看，**情緒重現會在我們陷入煩惱時，將相似的過去經驗拿出來和當前進行比較，並在邏輯推理的過程中，將過去的情緒投射到當下情境中**。

在這樣的機制下，看似毫不相干的情緒其實對我們的煩惱有極大影響。從精神分析的角度而言，這種狀況源於個體內在的情結或潛意識矛盾。當一個人被情緒淹沒，情緒重現不斷發生時，理性思考變得不再重要，我們會開始喝酒、投入運動、進行單調重複的工作等，優先壓抑或平復這種情緒。**當感官麻痺後，對任何事情都會變得無動於衷，**

就像變成木頭般，把身體強制關機，與現實保持距離。這是大腦在過度活躍狀態下所啟動的防禦機制，如同拉下總電源般，切斷與內在經驗的聯繫，這種現象稱為「解離」（dissociation）。

人在陷入煩惱時，若太受情感左右，就很難做出明智的決定。但要明確劃分感性與理性的界線，也不是一件容易的事。感情隨時會湧上心頭，阻礙我們理性處理問題，而我們對此往往束手無策。

11 一反芻思考：反覆咀嚼過去的負面事件

不久前，在一場朋友聚會上，我不小心失言了。聽到朋友要辭職到濟州島開書店時，我隨口分析了濟州島的書店數和人口數等現況，這番分析，無疑是對朋友熱情的一次無情打擊。隔天醒來，前一晚的情景仍歷歷在目，想到朋友尷尬的神情，我就後悔不已。當時真應該好好忍住，不要插話，我有什麼資格對別人的計畫指手畫腳呢？

直接聯絡對方道歉，又覺得有些尷尬，只能暫時擱置不管。工作時還好，一旦閒下來，這件事就會突然闖入腦中，重複播放我當下的想法與說過的話。我的衝動言行、自以為是的神情，還有彷彿在對他人說教的言語，都讓我感到無地自容。即使試圖將注意力轉移到其他事物上，但這種感覺一旦進入內心，就會不斷折磨著我們，直到徹底沉浸在自責中，痛苦才會逐漸消失。

造成反芻的三種心理因素

不僅是尷尬的記憶，尚未解決的難題也會縈繞在腦海裡，不時提醒著我們。一旦發生這種狀況，其他思緒就沒有插足的餘地了，之前絞盡腦汁得到的見解也變得毫無用武之地。當某個念頭在腦海中反覆出現，如同牛隻反芻草料，這種狀態即稱為「反芻」（rumination）。

若是將某段金句當作人生的座右銘，經常反覆咀嚼思考，這是一種必要的反芻。正向的反芻思考，能在思考完一件事後將其內化，之後若再遇到類似情況，便能立即做出判斷和反應。但根據統計，只有一〇％的反芻屬於這種積極正向的思考。

當我們進行反芻思考時，往往更容易浮現痛苦的記憶。當未來的不確定性無法立即消除時，這些焦慮便會轉化為一連串的擔憂，形成負面的反芻思考。例如：「為何世界如此不公平？」「為何父母總是與我爭論不休？」有時也會怨嘆自己的人生。

這類想法與負面情緒有關，美國天普大學心理系教授珍妮・史密斯（Janet Smith）認為反芻思考是由多種心理因素引起[5]。而究竟人為何會反芻思考，最廣為接受的論點是由美國心理學家蘇珊・諾倫霍克斯瑪（Susan Nolen-Hoeksema）提出，她認為人之所以會進行反芻思考，**主要是爲了在心情低落時，努力尋找該情緒的成因和影響**。但這種思考方式並不能真正幫助我們克服過去的痛苦，反而會喚醒情緒記憶，讓人重新回憶痛苦，甚至增加罹患憂鬱症的風險。

第二種引發反芻反應的原因是社交焦慮，包括重複回想與某人見面後的情緒和記憶，如果過度回憶自己失誤時的反應、尷尬的瞬間、或是對方的反應，便可能導致下次社交時更加緊張與不安。

第三種反芻反應發生在達不到自己設定的目標時。比起對自己的表現感到滿意，我們更容易專注於自身能力的不足，意識到現況與目標之間的巨大落差，因而反覆回顧失敗經驗並進行自我反省。

也有其他理論認為反芻只是暫時的心理反應，是任何人都會經歷的普遍現象，但大部分人的反芻都會持續很久，短則兩三個月，有人甚至持續一年都在反芻同一件事。當某件事情帶來壓力，或為此產生負面情緒時，就會開始反芻，而反芻的事件性質也會因人而異。

反芻無法真正解決問題

換個角度來看，**反芻思考也可以視爲一種試圖控制負面情緒與壓力的努力**。當我們認知到「理想中的我」和「現實中的我」之間的差距時，其實會帶給自己很大的刺激。

反芻與擔憂的不同之處在於，擔憂主要針對未來的不確定性，而反芻則專注於過去的經歷，並反覆思考；擔憂的本質是試圖預防問題發生，尋找解決方案，反芻則會專注於過去的失敗經歷或負面情緒上；擔心是為了避免自己擔心的事情成真，而反芻則會花很多精力在確認和理解現況上。但其實兩者仍有共同點，都會反覆思考與迴避解決問題。

反芻的概念與後悔相似，後悔是在回顧過往時心痛的情緒，而反芻則是不論已發生或未發生，將過程中無法消化的情緒和想法抽離出來，反覆思索，因此後悔和反芻可能會同時發生。

歸根結底，**反芻其實是錯誤的努力**，它試圖消除負面情緒與壓力，並期望透過反覆思索來縮小現實與理想之間的差距。然而，這種做法其實是一種錯誤的迷思，不僅無法解決問題，反而會擴大差距。因為不斷重複這種思考方式，只會強化負面情緒，削弱人做出改變的動機，而難以解決問題，最終陷入惡性循環。

當專注在一件事上，能暫時減少內心的不安。這豈不是就像一隻鼴鼠，明明獅子已經虎視眈眈地盯著牠，牠卻仍埋頭挖掘眼前的地道？然而，鼴鼠確實是在努力求生。

相信誰都曾有過這種經驗——忙碌時沒辦法思考，一旦有了喘息的機會，回想到過去的經歷，心裡就像被開了一槍，又或是被扎了一針般難受，這些記憶卻揮之不去，這即是反芻的過程。當腦中騰出空間時，這些記憶馬上就會占據空位，不輕易讓座。有些人甚至害怕這種「腦內空白」，總是不由自主地讓自己忙碌起來。所以工作結束後不直接休息，而選擇去運動或喝酒；在捷運上也無法只是坐著，無法專心上廁所，或是安靜地散步，連散步時都要邊滑手機、觀看無關緊要的新聞與影片，才能感到安心。但正因如此，**反芻更會在腦中有一絲空隙時，以排山倒海之姿湧進腦海中**，不斷重播那些自己沒能完成的事情、失敗的經驗、羞愧的記憶、消極和憂鬱的情緒碎片。

世界上有些事情，即使再努力也無法全盤消化，隨著歲月累積，那些曾經無法釋懷的情緒與回憶，反而越積越多。每次反芻時那些記憶都生動無比，原先就已經如一座大山的挫折感就會變得更加高聳。有些事物不僅不會融化消失，反而會變得更堅固。牛反芻是為了消化牧草，但如果牛在咀嚼的是石頭，會發生什麼事？把「傾盡全力」當成習慣的人，在陷入煩惱的同時如果還不停反芻思考，遲早會筋疲力盡。

12 旁觀效應：顧慮名聲，渴望獲得認同

假設你在路上目擊了多人圍毆的場面，你會怎麼做？你可能會有這些念頭：「應該馬上報警，但若被他們發現是我報警，可能會遭到報復。如果直接上前勸阻，也有可能會受傷。周圍還有很多人在圍觀，一定有比我勇敢的人會挺身而出，我沒必要冒這個險吧。」

掙扎後，你最後可能選擇當一位旁觀者，什麼都不做。當一個人身旁有數個人在場時，自己肩負的責任感會相對降低，反而不願幫助身處危險中的人，這個現象稱為「旁觀者效應」（Bystander effect）。

在一九六八年的某個深夜，紐約某公寓附近發生了一起年輕女性被刀刺死的案件，當時在場有三十八名目擊者，沒有一個人選擇幫助她。美國社會心理學家約翰・達利（John Darley）和比布・拉塔內（Bibb Latané）便以這起事件為契機，深入研究旁觀者

效應。

他們首先將受試者聚集在同一房間，並在隔壁房間播放某人尖叫的聲音。根據統計，當房間內只有一名受試者時，八五%的受試者會主動提供幫助；當房間內有五名受試者時，只有三一%的人願意提供幫助。研究指出，在群體情境下，特別是在自身可能面臨風險的情況下，個人的行動意願會受到他人存在的影響而顯著降低。[6]

當我們身處群體中，往往會期待有人能代替自己承擔煩惱。如果群體遭遇困境或進退兩難的情況，內心掙扎不已時，就會等待群體裡的某個人率先挺身而出，自己則扮演旁觀者的角色，這種過度依賴群體的現象，便是所謂的「社會性懈怠」。我們傾向認為，即使事態朝著錯誤的方向發展，責任也能由群體共同分擔，從而大幅減輕個人負擔。所以當自己歸屬於某群體時，與其帶頭，不如先觀望，這對每個人來說都是合理的選擇。

即使面對相同情境，獨自一人時與身處群體中，我們也會做出截然不同的反應與決策。**這其中隱藏的心理因素，便是對「個人名聲」的顧慮**。當我的選擇成為他人評判我的依據，那麼我的行動自然會受到制約。如果貿然出頭卻搞砸事情，或做出錯誤決定，我的名聲就會受損，要承受周遭的失望和指責。更何況失敗時，不只是一個人要負責，失敗的後果將影響整個團體，責任將更為重大。因此比起行動，放任不管就成了更安全的選擇。

第二個心理因素，是「徹底執行並服從上級、掌權者與群體命令」的傾向。只要想著自己不過是「依照指示行事」，就會豁然開朗，既不必獨自煩惱，也不會消耗自身的能量。只要放棄我的堅持和原則，就能獲得心靈的平靜。

二戰結束後，國際軍事法庭審判了納粹戰犯，其中包括奧斯威辛集中營的成員，他們曾將數十萬人送進毒氣室。同盟國對於這些軍人的心理狀況感到好奇，他們如何能夠做出如此駭人聽聞的行為？這些軍人是否普遍存在心理病態？

精神科醫師受邀對每位戰犯進行心理評估，結果與預期卻大相逕庭，他們並非心理病態患者，甚至可以稱得上正常，他們只是一群善於執行命令的模範軍人。納粹軍隊內部會盡力避免讓「軍人現在做的事情」和其個人價值觀發生衝突，因此在軍隊內部會宣揚一種信念：「合格的軍人應當徹底服從命令。」[7]這是一個經典的歷史案例，明確詮釋了如何透過群體規範，避免個人內在的衝突與矛盾。同時，這也反映了個人在群體中，因擔憂表達異議而遭受排斥的心理。

一個人遭到社會排斥時會痛苦不堪，有趣的是，社會排斥所引發的痛苦，與生理疼痛活化的大腦區域相同。能夠減輕生理痛苦的神經傳導物質，同樣也能減輕心理上的痛苦。換言之，遭受排斥的痛苦，等於同等程度的生理痛楚。**因此人類通常會避免遭到社會排斥，選擇順應群體的意見**。

另一方面，增加社會參與會促使人體分泌催產素，進而使腦下垂體分泌內源性類鴉片胜肽（opioid peptide）。類鴉片胜肽具有類似毒品的成分，這類神經傳導物質使我們在歸屬某群體時感到舒適安心。然而，若試圖特立獨行、拒絕順應群體時，便可能面臨被排斥的風險，大腦也會減少分泌催產素和類鴉片胜肽等物質。[8]

越是敏感的人，越害怕遭受群體排斥，這便是人們傾向於順從群體的原因。當群體成員的想法趨於一致時，就會覺得自己更有影響力，是更重要的存在。群體認同的力量非同小可，人們往往會將對群體的認同，做為彌補個人脆弱感的方式。一旦習慣在群體內尋找生活的意義，順從就會成為不可避免的選擇。從眾行為經過長時間進化後，會內化成人格的一部分，其影響力之大，甚至會讓人忽視從小學習的道德準則。

群體認同和社會排斥如同強而有力的糖果和皮鞭，讓人不會對自身行為的後果產生後悔或愧疚之情。**當一個人成爲旁觀者或被社會否定時，便會下意識迴避內心的煩惱，毫無顧忌地選擇順應群體，進而逐漸失去自我**。

第3章

駕馭想法前，先好好認識大腦

13 接受生理的局限，才能健康應對煩惱

我們每天都有新的煩惱，需要做決定的事情只增不減。隨著現代競爭日益激烈，「只許成功，不許失敗」的壓力也與日俱增，煩惱的分量變得更為沉重。在資訊爆炸的時代，我們在行動之前要考慮的因素變得更多，當外界對我們的期望不斷提升時，我們更渴望做出最佳選擇。然而，在這個過程中，個人的煩惱與付出，卻往往與滿意度不成正比。

如果更努力理清煩惱，就能擺脫這種困境嗎？長期接受心理諮商，就能解決問題嗎？去寺廟禪修或冥想，修煉打磨所謂的「自我」，就能順利接納並化解煩惱嗎？

雖然這些方法並非全然無效，一定也有人適用前述的方法。但是我必須明確指出，這些成功案例終究是少數。**唯有深入理解人類心智和大腦的運作機制，接受自己能力的局限，才能以健康的心態應對煩惱**。在面對煩惱時，我們應該將焦點放在煩惱的過程，而非結果。必須認知到自己並非特例，完美並非常態，沒有必要事事追求盡善盡美。至

今為止，包括社會心理學、腦科學、心理學、精神分析等領域的研究皆指向一個結論：**人類的思考模式是影響煩惱的關鍵**。因此本章將運用相關理論，說明個人思考能力的局限性和實用性。

如果能完全理性看待煩惱該有多好？但正如第二章，情緒會影響煩惱，導致判斷有所偏頗，也容易在無謂的地方浪費時間和精力，若不正視問題，後果可能不堪設想。為了避免陷入這些困境，我們首先必須了解大腦和心理的運作原則：

1. 比起正確的判斷，大腦會優先追求效率。
2. 人類厭惡失去、痛苦和飢餓，會盡力避免這些情況。
3. 人的心智和大腦容量是有限的。
4. 人既是獨立個體，也深受群體影響。

了解這些基本原則後，我們可以更容易找出煩惱的根源，並以更健康積極的心態面對與解決煩惱。

我們的大腦還有很大潛力

人類與同屬靈長類動物的黑猩猩只有二%的基因不同，但人類卻能成為地球的統治者。這二%的差異，主要在於大腦的尺寸，基因突變讓人腦得以迅速成長。英國科學記者克萊爾・威爾遜（Clare Wilson）在《偶然的科學》（*Chance*）一書中介紹了幾個人類之所以能夠從黑猩猩躍升為人類的偶然突變。例如：黑猩猩強而有力的咀嚼肌，在人類身上因基因突變而變小，雖然失去了強大的咬合力，卻也讓支撐下巴肌肉的頭蓋骨後側骨頭變小，不受頭蓋骨限制的人腦便能夠迅速成長。

此外，還有葡萄糖載體的突變，使大腦微血管能攝取更多葡萄糖，進而提升大腦功能。簡單來說，就是放棄肌肉，發展智能，這個過程是循序漸進的，使腦額葉功能更為發達。[1]

人類和黑猩猩的大腦發展分為三個階段。最古老的大腦位於深處，稱為腦幹，掌管呼吸、心跳、體溫、睡眠、血壓等基本生存機能。無論爬蟲類或哺乳類都擁有腦幹，腦幹不受意志控制，自動運作，位於大腦最深處，受到良好保護，這是因為對於生物來說，生存永遠是最重要的。

再來是邊緣系統，首先出現在早期哺乳動物身上。邊緣系統和大腦皮質共同組成大腦，越上層的大腦，功能越複雜。尤其是人類的額葉占大腦的二〇％，遠大於黑猩猩，因此人類擁有更高層次的認知功能、語言功能、規劃能力等。邊緣系統的功能相當獨特，它負責快速判斷和反應，以提高個體的生存機率。

邊緣系統會優先判斷眼睛和耳朵接收到的資訊是否危險，遇到危險時，邊緣系統要立刻決定「戰鬥或逃跑」，使肌肉緊繃、心跳加速，隨時準備行動。至於「為什麼戰鬥、逃往何處、情況多嚴重」等問題，則交由大腦皮質在一到二秒後進行分析。但如果分析完才行動，可能早已失去生命，因此先反應再放鬆警惕，是更安全的選擇。

大腦越發達，我們可以分析的事情就越多，能做出更縝密的選擇，但這也意味著大腦處理資訊的時間必然會增加。而邊緣系統的反應和大腦皮質的分析，兩者之間的時間差就可能構成威脅，因此人類必須強化大腦的雙軌分析系統，優先由邊緣系統控制，再根據資訊處理結果，決定是否採取行動或解除警戒。

腦幹和邊緣系統這兩個部分，統稱為「原始腦」，以動物的原始本能為優先。**當我們處於危險時，很難好好思考，大腦會回到預設模式，由原始腦掌控**。當四周充滿危險，原始腦會接管大腦。因為人類在自然界就像兔子一樣脆弱，必須豎起耳朵警戒周遭，隨時做好逃跑的準備。在草原上，唯有吃飽喝足的獅子可以睡懶覺。

然而，隨著人類開始群居生活，建造城牆、分享食物，生活變得更安全，也不再這麼倚賴原始腦。反之，隨著社會關係連結越緊密，人類開始頻繁使用語言和工具，大腦皮質因而變得更發達。得益於此，平常大腦皮質能夠控制著額葉與邊緣系統，在大腦皮質的精密控制下，人類進入現代社會。但原始腦並未消失，它仍潛伏在大腦皮質之下。

從人類演化的歷史脈絡來看，原始腦主導的時間更長。現代人類的大腦內雖然由大腦皮質掌控一切，負責資訊交流、判斷和決策，但人類在地球上的十萬多年裡，九九%的時間都在狩獵和採集。人類醒著時，必須一邊探索周遭，一邊尋找食物，同時應付可能遇到的危險。現在表面上是大腦皮質掌控著大腦，但考慮到九九%和一%的經驗差距，**原始腦隨時有可能奪回大腦的主控權，這種「本能反應」往往來得又猛又急。**

14 腦袋的容量其實有限

「是不是我腦袋不夠用，才會這麼累？」

待辦事項和煩心事太多，人際關係也越來越複雜，需要負責的事情變得更多。不知從何時起，生活變得疲憊不堪，連簡單的日常生活也感到沉重，如果我的腦容量再大一點，是不是就能解決這些問題？

十幾年前使用電腦時，常會跳出「儲存空間已滿，要整理磁碟嗎？」的提示，筆電的儲存空間有限，很快就滿了，當使用空間超過九〇%時，電腦的運行速度就會變慢。只能刪除影片或照片、定期清理或整理磁碟，才能清出空間。

但只要花點錢升級裝備，換個儲存空間更大的電腦，就能有效解決這個問題。同理可證，只要升級內心的「儲存空間」，問題似乎也能解決。調適自己的心態，提升內心的容量，就能同時處理更多事情，待人處事也會更圓融、更從容。

我以前覺得頭比較大的人可能更會讀書，因為頭比較大，大腦容量可能也比較大，腦袋可能更靈活。會有這樣的想法，是因為高中時，有個想考醫學院的朋友，他讀書時間比我少，卻總是拿第一名，所有事情似乎都能輕鬆應對。當時我還年輕，絞盡腦汁所能想到的我與那位朋友的差異，只差在頭的大小。他和身高差不多的朋友相比，頭大了一．五倍左右。這個「大頭優秀論」的迷思，即便我之後念了醫學相關科系，也無法輕易打破。直到我接觸精神醫學，對大腦有了更多的了解後，才逐漸放下這種迷思。每個人的大腦重量不太一樣，平均約一千四百公克。有相似學習經歷和社會經驗的人，其腦容量的差異並不顯著，也就是說，**每個人的腦容量其實差不多**。

換個方式思考，當各種煩惱接踵而至，就像四條車道中有三條車道都塞車一樣，車輛已經超過原先道路的容納量。在這種情況下，僅剩的一條車道也很難提升車流速度，只能優先處理緊急事務。但就像救護車在擁擠道路上也動彈不得，一旦大腦超出負荷，便會失去衡量煩惱的輕重或判斷事物優先順序的能力。**當煩心事沒有解決，一個個不斷累積，最後可能導致我們無力做任何事情**。

一九八〇年代末，美國心理學家保羅．安德里亞森（Paul Andreassen）以麻省理工學院管理系的學生為實驗對象，進行了簡單的實驗。他讓學生自由選擇股票投資組合，將他們分成兩組。第一組只能根據股票價格變動這項情報來決定是否交易，第二組則可以主動探求股市資訊，例如：看經濟新聞、讀《華爾街日報》（*The Wall Street Journal*）、請專家分析市場動向。

然而，經過一段時間的投資競賽，掌握有限情報的組別反而獲取了兩倍以上的收益。原因在於，對非專業投資者的學生來說，過多的資訊反而會占據過多大腦空間，降低大腦效能，妨礙判斷。他們容易被最新消息或出處不明的情報誤導，更頻繁買賣股票，也更容易出錯。**當我們被無用的關係束縛，或接收過多無關緊要的資訊，很容易錯過真正有用的情報，無法做出合理決策，最終白忙一場。**[2]

儘管如此，還是很多人覺得自己的腦容量很小。但實際上，大家思考、判斷、處理情緒和掌握社交狀況的能力其實差異不大，就像韓國成年人的身高有九〇％以上落在一百五十到一百九十公分之間。同理，大部分人的記憶力、專注力、資訊處理能力等，都在平均值範圍內，解決煩惱的能力也差不多。沒必要覺得自己落於人後而過度自卑、惴惴不安，況且這種焦慮還會讓大腦效能降低五％。

現代人堅信「一萬小時定律」，認為只要超越自己的極限，投入充分時間努力，無論是誰都能提高自身能力。隨著現今時代愈發強調個人力量，以及獨特個體比集體平均更重要等概念，人們更對此深信不疑。但即使花一萬小時努力，也不一定能成為加拿大暢銷作家麥爾坎・葛拉威爾（Malcolm Gladwell）所說的「異數」，頂多只能增加一○%左右的能力值。**想成爲異數，除了努力，還需要才能、環境等多項因素**。

美國密西根州立大學教授查克・漢布里克（Zach Hambrick），其研究團隊分析了過去八十八篇探討努力與天賦關係的論文。結果發現，在學術領域，努力時間僅占實力的四%；音樂和體育方面則占二○%至二五%，有些職業即使再怎麼努力也只占整體實力的一%。也就是說，無論在哪個領域，如果沒有天賦，再怎麼努力都不會有相對報酬。學者認為，成功的背後包含了各種因素，包括環境、開始工作的年齡、個性、動機等。

凱斯西儲大學的心理學者布魯克・N・馬克納馬拉（Brooke N. Macnamara）也曾說：「想在一個領域成為第一，堅持努力是必須的，但和天賦相比，努力並非如多數人想像的那麼必要。」[3]

如果你已經成年，那就接受生理極限吧。現在即使每天喝一公升牛奶，也不會長得像籃球員一樣高，即使想提升大腦能力，也有一定的極限，因此更實際的策略是有效利用現有容量。**當你因煩心事感到疲憊，不是因爲腦容量小，而是沒能好好利用有限的容量**。從現在開始，更留心煩惱的過程，這樣就不會無端自責，也不會被煩惱壓垮。

15 過度樂觀，反而會讓人鬆懈

以前我迷上騎自行車，有一次沿著漢江騎到八堂，那天不但天氣很好，路也很平坦，所以我開心地騎了好幾個小時，也很高興自己能到從沒去過的地方。但在回程路上，問題來了，單程的距離已經超乎我想像，來回的距離更是遠到誇張。即使每隔幾公里就休息一次，也無法讓緊繃的腿部肌肉恢復。我一大早就出門，卻直到太陽下山才勉強回到家。我犯的正是新手常犯的錯誤，也就是沒有正確衡量自己的騎車能力。

正確評估自己能力的能力，稱為「後設認知」（Metacognition）。後設認知是一九七〇年代美國發展心理學家約翰．弗拉維爾（John H. Flavell）所創造的詞彙，所謂的後設認知，即是能正確認清自己理解與不理解的部分，並清楚知道自己能做什麼，以及需要尋求哪些幫助。**具備自我認知能力，才能決定在處理煩惱、執行任務、評估決策、壓抑情緒、簡單計算等各種情況下，要分配多少精力。**缺乏後設認知的人，容易因為貪心或過於自信，而挑戰超出自己能力範圍的事；或因為過度擔憂，而低估自己的能力；也容易太快做出決定，沒有仔細思考。這種情況在十幾歲到二十歲出頭的青少年身上尤其明顯。

有專家做過以下實驗：他們首先給實驗對象一張紙，上面寫有二十個單字，並詢問他們五分鐘內能背出幾個單字。這個實驗的目的，是觀察受試者預期背誦的數量，和實際背誦數量的誤差，藉此研究後設認知能力。結果顯示，成年人的誤差低於一個的案例，占實驗案例數的五六%，超過一半；而十幾歲的青少年卻僅占二〇%。由此可知，成年人相對了解自己的能力，但十多歲的人則容易走向「過度自信」和「完全否定自己」兩個極端。因此當父母讓十多歲的子女自己思考事情時，很常會得到「我都想好了」或「不知道啦」兩種回覆，這就是後設認知功能不足的結果。

事實上，不只十幾歲的人，許多成年人的後設認知能力也很差，他們無法客觀評估自己，總是會低估或高估自己的能力。一九九九年，美國康乃爾大學社會心理學系教授大衛・鄧寧（David Dunning）和研究生賈斯汀・克魯格（Justin Kruger），以康乃爾大學學生為實驗對象，進行邏輯思維測驗，並要他們預測自己的成績。令人驚訝的是，實測成績較低的學生，預測成績反而更高；但成績高的學生，預測成績卻比實際成績低。

實力不足的人無法客觀看待自己的能力，相信自己比實際上更優秀的情況，稱之為「鄧寧－克魯格效應」（Dunning-Kruger effect，也稱為達克效應）。即使是名校學生，也會高估自己，而這種過度高估的情況，可能使人抱持不健康的樂觀主義。[4]

整體而言，**正向思考和樂觀主義是不可或缺的，但過度樂觀，有時反而會讓人過於鬆懈**。在客觀評估自己時，保持樂觀無妨，但若像「鄧寧－克魯格效應」一般，對自己毫無來由的自信，反而會澆熄自己達成目標的熱情火焰。這類型的樂觀主義者不會充分煩惱，總是說「這樣就夠了」，然後停止行動。他們以為自己已經找到了最佳解，並實現了目標。

因此當你覺得問題太容易解決，或感到壓力時，更要客觀檢視自己的能力。許多人在不了解自己能力的情況下，就貿然投入問題中，這就像不清楚自己的游泳能力，就跳下水救人一樣危險。在這種情況下，別說是救人，我們甚至還可能一起溺死，這也是人們總在煩惱泥沼中掙扎的常見原因。

16 一 若缺乏休息，大腦很快就會沒電

我們常聽到「人類只運用一〇%的大腦，剩下的九〇%都在閒置中，就連愛因斯坦也只用了大腦的一〇%」。事實並非如此，人類大腦由一百億個神經元組成，隨時都有約二%到五%的細胞在活動，但由於細胞活動的區域不斷變化，所以無法精確地說大腦的使用率低於一〇%。應該說，人類用遍了大腦的所有區域，幾乎沒有完全沒使用過的腦細胞。

但我們不應該只關注大腦本身的容量和極限，而是要了解，在不同情況下，大腦運作的能力會有差異。我們可以透過自我認知，進一步掌握自己的能力，這是成年人重要的認知能力之一。此外，我們也要了解，外部環境對大腦功能影響很大。大腦在一天的不同時刻、不同心情和狀態下，有時能發揮一二〇%，有時甚至發揮不到六〇%。簡單來說，**大腦的整體容量有限，但功能會根據不同情況而有很大差異。而大腦在不同環境**

下，專注、規劃、思考的能力也會有所不同。

英國 BP 石油公司位於美國的煉油廠曾發生大火。根據調查，當時引起事故的工人約翰是一個普通員工，工作多年來沒有重大失誤。但自從公司裁員後，同一班的工人變少了。火災發生時，約翰已經連續兩週睡眠不足，平均每天只睡約五．五小時。由於睡眠不足，大腦疲憊不堪，所以除了必要的工作，沒有餘力去注意其他事情，這就是當人認知超載時，導致的「隧道視野效應」（Tunnel vision）。[5]

研究顯示，大腦疲勞會讓人無法放鬆。美國心理學家雷娜．雷佩提（Rena L. Repetti）曾研究機場飛航管制員的工作，以及他們在家和孩子互動的情況。管制員的工作量以每天管理的飛機數量來衡量，他們主要使用專注力和判斷力。她連續三天觀察十五名管制員，同時記錄他們下班後和孩子相處的時間、關心程度和情緒支持等行為，結果發現：工作量大的日子，他們明顯想遠離孩子；工作輕鬆的日子，他們陪伴和關心孩子的時間會增加，也會有更多正向互動。[6]

大腦一旦過勞，就會無法維持平常的步調，即便只做基本的事情也會十分吃力。當父母不願意花心思觀察孩子、回應孩子的情緒時，並不代表他們平時就是冷漠的父母，可能只是因為大腦疲勞，沒有多餘的空間思考。

大腦若沒有適度休息，很快就會沒電，雖然大腦僅有一千多公克，每天卻需要消耗我們總能量的二〇%，若連續二十四小時不睡覺，人體供應給大腦的葡萄糖就會減少約六%。縱使葡萄糖仍會持續供應給身體的其他機能，但是執行高階判斷的前額葉，會損失一二%到一四%的葡萄糖。如此一來，為了避免消耗能量在太複雜的思考上，人會只想做簡單的事情，排斥情緒波動，渴望獨處，並且優先按照原本習慣的模式處理事情。即便結果可能不利於自己，但此時大腦判斷消耗更多能量會更危險，仍會這樣做。而大腦的各個領域為了爭奪變少的能量，會各自競爭，如同國家因財政赤字而刪減預算後，各行政部門會為了守住自己的預算而爭論一樣。

此時，習慣、目標、威脅、恐懼、情感欲望等因素，會影響能量在大腦的分配，這些因素會影響大腦特定部位獲得能量的優先權。透過處理認知和情緒的紋狀體、邊緣系統和前額葉皮質之間的溝通，結合目標、習慣、恐懼和欲望，再調整方向和資源分配，決定大腦最終的方向。

一旦做出決定，大腦就會朝著該目標行動。進入行動模式後，就不會再像以往一樣糾結不安，因為大腦轉換成目的導向，額葉和邊緣系統之間的較量會減少並保持平衡，同時阻擋新資訊進入。[7] 關上門後，即使有新資訊進來，大腦也會選擇無視，並朝著指示的方向和目標前進，無論方向對或錯，只專注於獲得自己想要的東西。

總而言之，大腦在探索模式時會盡可能蒐集資訊，欲望、習慣、恐懼、目標和情緒會爲了優先權而競爭。但是一旦做出決定，大腦就會迅速切換到執行模式，抑制自身對無關資訊的反應，只對目標相關的重要資訊做出反應。

17 生理需求沒被滿足，就無法從容思考

大腦是很耗能的器官，它只占我們身體的二％，卻消耗超過二〇％的能量，而且只能攝取葡萄糖。如果用汽車來比喻，就是只能加高級汽油，不能加柴油或液化石油氣，才能維持正常性能。人每天所需的熱量約為兩千四百卡路里，如果攝取不足或錯過吃飯時間，血糖就會下降。當身體整體能量長期不足時，就可能導致慢性疲勞症候群或憂鬱症。但我們每天都會餓個兩三次，因為太常見，反而容易忽略飢餓對大腦的影響，以及它如何降低我們解決問題的能力。**肚子餓的時候，容易變得悲觀消極，因爲飢餓感會觸發情緒開關，把有限的能量分配到負面情緒上**。

美國康乃爾大學教授艾米麗·吉特克（Emily Zitek）與達特茅斯學院的學者亞歷山大·喬丹（Alexander Jordan），共同設計了兩個實驗。第一個實驗以康乃爾大學一〇三名學生為對象，用問卷調查在學校餐廳吃過飯，和還沒吃過飯的學生，對校園生活的滿

意度。結果顯示，還沒吃飯的學生對自己的權益比較敏感。例如：他們比較同意「我應該受到比別人更好的待遇」、「我傾向照自己的方式做事」等選項，而且只有六〇%的人願意接受進一步訪問。也就是說，這些人比較沒有餘力對他人釋出善意。相較之下，在餐廳吃過飯的學生，有七八%願意接受訪問，他們比較少抱怨，也比較能體諒他人。俗話說的「民以食為天」，果然有道理。

第二個實驗，對象依舊是康乃爾大學的學生，研究人員讓 A 組進入一個正在加熱冷凍披薩的實驗室，B 組進入沒有食物味道的實驗室。排除問卷中回答不喜歡披薩的學生，聞到披薩味道的學生，比沒聞到味道的學生更難集中精神。因為人在飢餓時，會把精神集中在飢餓感上，容易對現實產生悲觀想法，變得敏感和消極。[8]

這種反應在生活中很常見。有時候我下午去超市準備晚餐，明明只想買一條鯖魚，跟明天早餐要吃的牛奶和麵包，但在有點餓的狀態下，總是抵擋不了食物的香味，也無法拒絕試吃。縱然勉強抵擋住餃子的誘惑，卻躲不掉生魚片。加上晚餐時段賣場會打折，牛奶旁邊又放著我喜歡的起司和火腿，買了起司火腿，又想配啤酒。走到啤酒區，發現今天促銷活動特別多，就拿了一手附贈玻璃杯的啤酒。在收銀台排隊時，才發現購物車裡裝滿了食物。

你也有過這種經驗嗎？我週末常這樣，同樣是週末購物，午餐後去和晚餐前餓著肚子去，購物方式完全不同。但明明做決定的都是我，為何行為模式會如此不同？對此，哈佛大學的丹尼爾．吉爾伯特（Daniel Gillbert）和維吉尼亞大學的蒂莫西．威爾遜（Timothy Willson）也有類似的疑問，因此他們進行了實驗，觀察飢餓感和未來計畫的關聯。

首先，他們在食品店門口招募了一三五名實驗參與者，讓他們寫下今天的購物清單，然後還給部分人。接著他們將受試者分為兩組，讓第一組每人吃一塊馬芬蛋糕，為「吃飽組」；另一組不吃，為「飢餓組」。隨後，讓所有人自由購物，比較他們的購買物品，並調查他們的飢餓程度。實驗結束後，對照購物清單和收據，區分哪些是「清單內」和「清單外」的支出，最後進行資料分析。

結果顯示，飢餓組和吃飽組的清單外商品，占總購物項目的比例分別為五一％和三四％，飢餓組多出將近一．五倍。隨身攜帶購物清單的人，購買清單外商品的比例較低，飢餓組占三六％，吃飽組占二八％。實驗顯示，飢餓狀態下，毫無計畫購物的比例較高。但從購物費用上來分析，獲得的結果亦相差無幾。[9]

從時間來看，制定計畫和思考，是為了提升未來和自我實現的機率，這是人類的習性。比起眼前，人們更重視未來的喜悅，甚至願意忍受現在的痛苦。**但如果感到飢餓，求生會變成第一優先，大腦會進入緊急模式**。目光會變得短淺，難以放眼規劃未來，認為滿足眼前需求更重要。難以深思熟慮判斷整體需求，會出現衝動購物的行為。

對衝動購物最具約束力的，就是我們事先寫下的購物清單。如果沒有清單，肚子餓的時候，我們會只想著「活過今天」，忘記煩惱的目的，是為了將來獲得更好的結果。**飢餓感會影響我們做出專注於當下的選擇**。

另一方面，研究顯示，從社會經濟角度來看，經濟困難對大腦的影響和飢餓感類似，都會影響大腦功能。例如：證據顯示，人在經濟拮据時，認知能力會下降。農民在獲得農收前，簡易智商測驗的智商會比平常下降九到十分，並在賣出農產品後恢復。[10] 該研究證明，人在窮困時，流動智力、執行能力和判斷力會明顯下降。[11]

另一個研究分析了父母罵孩子和家庭經濟困難的關係。美國政府每月會提供低收入戶購買食物的餐券。當餐券用完時，孩子在學校出問題的機率增加，可以把孩子在學校的行為，視為家庭氣氛的延續。經濟困難的父母很難在養育孩子時保持不變的態度，他們為生計問題疲憊不堪，連照顧自己都很難了，更難以和孩子交流或同理他們的心情，也沒有時間從其他角度思考。生於窮困家庭的孩子，尤其是低收入戶家庭的青少年，如果有年幼的手足，在學校出問題的機率更高，因為照顧手足耗盡了孩子的心力，更容易衝動行事。[12]

前述研究中，亦指出有部分人若認為自己處於不公平的狀況，就會更想賭一把。這些人在評估風險時，比起客觀合理的選擇，更傾向選擇高風險高報酬的選項。他們認為反正都是失敗，比起寄託希望於未來，不如選擇能立即滿足的方案。而感到貧困潦倒時，這種傾向會更強。[13]

總而言之，**無論是生理飢餓還是社會經濟方面的飢餓，都會讓人只專注於眼前，減少思考，無法從容評估，也降低做出合理選擇的可能性。**

18 當你累了，更容易受到外界誘惑

很多人羨慕意志堅定的人，他們為了成功而堅持到底，不屈服於任何阻礙。實際上，意志力在生活中也扮演著推進器的角色，為了強力阻止或推開某件事，而在短時間內竭盡全力。所以一旦啟動意志力，就會進入意志力暫時減弱或精神疲憊的時期。這段期間，我們很容易受到外界誘惑，無法深思熟慮。

美國心理學家羅伊・鮑邁斯特（Roy Baumeister）和凱斯琳・沃斯（Kathleen Vohs）將這種狀況稱為「自我耗損」（Ego depletion），就像馬桶在大量沖水後，水箱會暫時沒水一樣，我們的內心也會發生類似的事情。這段時間，我們很難抑制自己的習慣，無法發揮自制力，難以進行減肥或禁慾等需要靠強烈意志力支撐的事。

回想一下你的減肥經驗，你通常會慎重選擇晚餐，避免油膩的漢堡或豬肉丼飯，改吃比較多蔬菜，甚至只吃半碗飯。即使因為壓力大想吃高熱量食物，也勉強忍住。躲過一次美食誘惑後，你走進咖啡廳，想點低卡美式咖啡，卻看到摩卡有折扣活動，你平時就喜歡喝摩卡，現在竟然還可以免費升級！於是你想，與其晚上餓肚子煮泡麵，不如現在喝，最終還是點了摩卡。

如果你也有相似經驗，不必感到自責，這是正常的。短時間內受到兩次以上誘惑，大腦就難以做出合理判斷，因為大腦也需要充電。很多上班族回家就暴飲暴食、看電視、吃宵夜，他們無法抵擋誘惑，是因為忙碌的生活讓他們過度疲憊，即使是日常壓力，也會導致自我耗損。

為了更了解短時間消耗能量後，自制力降低的程度，美國史丹佛大學的巴巴・希夫（Baba Shiv）和印第安納大學的莎夏・福多利金（Sasha Fedorikhin）進行了實驗。他們將受試者分為兩組，一組看簡單的兩位數，另一組看複雜的七位數，並要他們背起來。接著，他們請受試者走到走廊盡頭，說出剛才看到的數字，答對的人可以到另一個房間，享用為他們準備的點心。統計顯示，回答簡單數字的受試者，大多選擇新鮮水果沙拉；回答複雜數字的受試者，較多人拿了巧克力蛋糕。這顯示大腦所承擔的壓力讓身體能量枯竭，剩下的能量抵抗不了本能欲望。[14]

自我損耗時，衝動行事的機率也會提高，例如想攻擊他人、想擁有某物等欲望。社會化程度高的人，通常會壓抑衝動，但能量耗盡後，就不會再思考，會立即做出反應、立即行動。回想一下你疲憊時，是否有看電視購買無用物品的經驗？你不是真的需要那些商品，也不是主持人口才多好，**而是自我耗損讓你沒時間思考欲望，就直接行動了，明明應該好好考慮，卻做不到**。

但這可以透過補充能量來預防。曾有公司在面試前，將面試官分成兩組，一組提供柳橙汁，另一組只提供礦泉水。面試結束後，根據統計，同樣時間的面試，只喝礦泉水的面試官，對面試者的人種、年齡、性別偏好更明顯，決定錄取和淘汰的時間也更快；相較之下，獲得適當糖分補充的面試官，較不會被自己內心的成見影響，在肩負壓力的情況下，他們依舊能從多面向進行思考，保有理性判斷與靈活應對的能力。

因此當我們感到疲憊時，應先持保留態度，避免做任何重大決定，並暫時休息。疲倦時，若還要面對需要深度思考的問題，很有可能不多加考慮就直接下決定。不能太相信自己的意志力，不是只要拒絕零碎的誘惑，就能乘勝追擊，戰勝更大的誘惑。因為總有一些有心人士，善於利用這種自我耗損機制，在祭出真正誘惑之前，先提出一些小小誘惑，等待我們筋疲力盡時，再趁虛而入。

19 — 別讓大腦的工作記憶超載

請你試想以下情境：某間餐廳的停車場可以停放七輛車。顧客用餐時，車位會被暫時停滿，當顧客離開後，車位便會空出來。若車位僅供用餐顧客使用，七個車位也還算足夠。但是，若停車場內已經事先停了餐廳原料的進貨車、老闆與員工的車、加上載客用的小巴士共四輛車時，會發生什麼情況？僅剩三個車位時，午餐時間一到，客人陸續到來，剩餘車位很快停滿，第四輛車開始便無處可停，無處停放的車輛會導致停車場陷入混亂。如果那些車沒有占用車位，即便客人大量湧入，先來的客人離開後，仍能空出車位供後來的客人停放。可一旦原本可用的空間被占據，必然導致空間不足。

我們的大腦也會遇到類似情況。大腦中有一個類似停車場的意識區域，用以處理接收到的資訊，在這個區域中運作的意識系統，稱為「工作記憶」，跟回憶近日事件的短期記憶，或回憶住址、身分證字號、電話號碼的長期記憶截然不同。工作記憶是「有意識處理資訊的能力」，能從我們儲存的記憶中，找出可立即使用的資訊，加以組合，做出判斷和行動。「有意識」表示我們能認知到這些資訊存在於腦中，亦即工作記憶決定如何運用這些資訊。

如果將大腦比喻成電腦，那硬碟等儲存空間便是負責儲存記憶的海馬迴，負責儲存記憶，而工作記憶則在電腦開機時處理各項資訊，關機後資訊隨即消失，類似電腦的快取記憶體或RAM記憶體。當快取記憶體容量越大，電腦的處理速度就越快，同理，工作記憶容量越大，我們大腦的工作速度就越快。**工作記憶可以同時記住很多事情，決定各項任務的優先順序並依序處理。在工作記憶運作時，需要有選擇性地集中注意力，僅保留必要資訊**。

假設你在咖啡廳用筆電工作，過濾周圍的說話聲、音樂聲、沖咖啡的聲音，讓你能專注在螢幕上的資訊，整理資料、製作圖表、統計數據等，都是工作記憶負責的事情。

這個概念最早由美國心理學家喬治・米勒（George Miller）在一九五六年提出，工作記憶體的大小解釋了六〇%的智力差異，與能力、聰明程度和壓力應對能力密切相關，主要由前額葉負責。米勒指出，工作記憶的容量平均約七個單位，比較少的人也有五個單位，多的人可達九個左右，但平均一次可以處理七個單位。意思是說，大腦一次可容納記憶七個數字或單字。而聲稱自己是記憶專家的人，會一次將七個單字綁在一起背誦，即是以此理論為基礎。韓國部分電話號碼從七位數改為八位數後，背誦難度大增，則是因為超過了平均記憶極限。

回到七個停車位的議題，若團體客人開多部車前來，停車場會因超出負荷而無法運作。從神經心理學角度來看，即是資訊超載導致認知超載。接收過多資訊時，我們很難將注意力放在最好和最重要的選項上，視野會變得狹隘，如此一來，就難以妥善處理資訊，做出正確選擇。同理，占用車位卻未使用的車輛，會造成超載；**工作記憶也會將事情藏於心中，這些內心的包袱會引起問題，無法輕易決定或解決的事項，占據了工作記憶的運作空間，減少了處理其他事項和資訊的空間**。當七個車位已被占用四個，要用剩餘三個空位處理所有資訊，負擔必然加重。即便只有一〇%到二〇%的工作記憶被占用，也會對原本負荷的多重作業造成困難。

二〇一〇年，猶他大學認知神經科學教授大衛・斯特雷爾（David Strayer）和科羅拉多大學丹佛分校副教授傑森・華森（Jason Watson）進行了大腦多工處理的實驗。兩百名受試者被安排在駕駛模擬器中駕駛汽車，觀察發現，開車時講電話或聽音樂的受試者，踩煞車的時間都比較慢。因為大腦需同時處理講電話、聽音樂、操作機器等工作，占據部分工作記憶空間，導致我們對周遭刺激的反應速度變慢。[15]

還有其他類似的研究，華盛頓州立大學的研究團隊，發給受試者四張牌進行賭博遊戲，四張手牌中兩張勝率較高，另兩張較低。平時擅長此遊戲的玩家，很快就能找到勝率高的出牌順序。接著，研究團隊請受試者在玩賭博遊戲的同時，分別記住贏牌與輸牌的數字。而得出的實驗結果與上一個有所差異，玩家需花費更多時間區分輸贏，勝率整體下降。**附加的任務導致認知超載，縮小工作記憶的空間，無法專注在應該專注的事情上，弱化了策略思考的能力**。[16]

對於平時無法好好思考的人來說，理解工作記憶的概念與機制非常重要。當大腦的有限空間被常駐的煩惱占據，一旦有外界壓力、疼痛、時間不足、情緒困擾等因素介入，或者需要同時處理多項任務時，就會出現問題。**當真正重要的事務需要我們深思熟慮時，或需要客觀比較所有選項時，我們即使想深入思考，大腦也沒有這樣的空間，就可能過度感情用事，做出情緒性判斷或倉促決定**。

工作記憶空間經常不夠的人，在出現不樂見的結果時，也無暇回顧決策過程，進行修正。只能安慰自己會發生這種情況也無可奈何，一味合理化結果。當他們再次陷入類似情況，就會反覆出現以往的草率反應，或大腦如停止運轉般，無法做出任何判斷。

20 欲望可以幫我們快速做出決定

「想住在更大的房子、擁有各式名牌包或鞋子、開更好的車、吃最高級的牛排……」每個人或多或少都有想擁有的事物，這與人類的欲望有關。當我們在思考時，欲望在我們的判斷、選擇和評價中扮演著重要角色，就算這種欲望不一定合理、符合倫理或客觀，當不安、憂鬱、恐懼等心理反應讓我們的思考空間受限時，欲望就會成為強烈的決策和動機。

欲望的定義是「希望擁有某人、某事物、某種結果，或想要達成某件事」。英國政治哲學家湯瑪斯．霍布斯（Thomas Hobbes）認為，追求快樂的欲望是人類行動的根本動機。渴求酒或毒品等物質、追求社會地位或達成目標的野心、想品嘗美食的食欲，都是欲望的一部分。牛津辭典將欲望定義為「出於對幸福或滿足的期待，而想獲得某種目標的情緒」，由此可見，欲望的感性成分大於理性成分。欲望與需求的意義不同。需求是與生存相關的情緒，取決於能否滿足衣食住行等基本生存所需。當需求得不到滿足，生存就會受到威脅。而基本需求獲得滿足時，人就會獲得安全感，覺得自己能夠活下去，就像吃飽後感受到飽足，是瞬間且原始的反應。

欲望則和興奮或快樂有關。當欲望達成時，會感受到刺激的快感，進而想要獲得更大的快感。但需求被滿足時，並不會想要更多，相反地，欲望被滿足時，會想得到更大的補償、更大的快樂，形成積極的回饋循環，因此很難停止追求欲望，如果不強制中斷或強力制止，就會想要得到更多。

這跟大腦掌管快樂感受的愉悅中樞有關。一九五四年，加拿大麥基爾大學的心理學家詹姆斯・奧爾茲（James Olds）和彼得・米爾納（Peter Milner）進行了實驗。他們在老鼠大腦特定部位的隔膜插上電針，只要老鼠按壓開關便能刺激到該部位。經他們觀察，實驗鼠為了接收刺激，反覆按壓開關，在二十六小時內足足按了五萬次。即使提供食物、水和交配等誘因，實驗鼠仍然選擇按壓開關。

根據此實驗，研究人員推論出結論——受刺激的部位與動物的快樂體驗相關。之後，研究人員發現該部位分泌的神經傳導物質為多巴胺。連接中腦腹側蓋區、伏隔核等部位的通道即是多巴胺傳導系統的核心。經由此路線傳遞的快樂信號，到達大腦皮質和邊緣系統後，會讓人產生快感。而毒品、酒精、賭博等成癮物質或行為都與多巴胺系統有關。

不只有成癮的病理現象，追求欲望也與多巴胺的分泌有關。當多巴胺分泌過多，掌管意志力和抑制欲望的前額葉就可能會失去作用。例如：食物或性愛會刺激大腦分泌多巴胺，分泌的多巴胺再刺激神經系統，啟動「期望獲得更大刺激」的強大回饋機制，這種機制會深深影響人類的行為，引導我們往某方向前進。一旦進入這種欲望循環，就很難擺脫。

人類有迴避恐怖和痛苦的本能，同時也有追求快樂的本能。如果有通往快樂的途徑，就會想方設法獲得地圖，這不是因為我們貪得無厭，而是大腦的設計本來就是以追求欲望為目的。[17] 如同愉悅中樞受到刺激的實驗鼠，欲望的特徵就是不會按下「現在已經充分享受了，到此為止吧」的停止鍵。隨著驅力啟動，我們追求欲望的方向十分明確，而這也會對判斷和選擇產生影響。原先個性慎重的人，或受制於以往經驗而容易感到害怕、採取保守態度的人，這類人受到欲望驅動時，就會做出截然不同的行動。

有人透過定期存款或儲蓄慢慢累積一筆錢，但隨著股市前景看好，加上同事炫耀半年內賺到投資本金的兩倍，再看到媒體紛紛報導股市未來一年看漲，他們會產生「是不是只有我落後」的不安；同時也會產生欲望，想著「如果投資股票，會拿到比存款更多的利潤，如果獲利更高，就能全家一起出國旅行了」。接著投資股市，即使獲得小利，欲望也會越來越大，開始嘗試更高風險的投資，專注於獲得更大的收益，忘記與家人共享美好時光的初衷。

前述例子中，欲望使他完全轉變行為模式，而且這種欲望會根據情況完全改變煩惱的方向。**當我們分析問題時，欲望具有加速功能，會讓想法的天秤往欲望方向傾斜，以解決欲望產生的目標為優先**。當我們的大腦啟動欲望機制時，神經元會變厚，信號傳遞增加，更多的感覺和神經就會集中投入特定方向。隨著投入的能量增加，得到的滿足和快樂也會變大，進而提高自尊，確信自己的選擇，對未來也會抱持樂觀態度，種種正向回饋，讓失敗的悲觀想法消失得無影無蹤。

追求欲望不僅僅是享樂主義者或成癮性人格的特徵，欲望是每個人的本能，因不滿足於現狀，想做出改變的動機是欲望的正向作用。欲望會在我們心中描繪未來的樣貌，讓人幻想自己和周遭未來有多不同，勾勒出具體形象。一旦產生欲望，不僅會用上現有的資源，還會進一步探索和利用周邊有用的資源。也就是說，欲望會讓我們加快腳步，思考的方向比起維持現狀更傾向變化。這使我們能夠快速整理出煩惱的優先順序，並迅速解決日常難題。

簡單來說，**欲望其實是一種中立的心理機制，自帶方向鍵和速度調節能力，雖然會增加我們的煩惱，但也能幫助我們快速做出決定。**與其無條件抑制欲望，不如先釐清自己的欲望，並試著了解欲望的運作機制。

21 適應群體比抵抗更容易

一位二十多歲的女性染了頭髮，這是她之前想都不敢想的事情，下了很大的決心才決定染髮。她和常去的髮廊店長討論後，決定漂髮染成亮綠色，一口氣把後面的頭髮剪短，再跟隨流行趨勢把兩側的頭髮剃掉。一直保持乖乖女髮型的女孩，非常滿意自己這次大膽的變身。可是回到家，家人看到新髮型後，媽媽首先嚇得不輕，邊說著「我女兒怎麼能剪成這樣，媽媽不是說過不要用這種頭髮」一邊哭了起來。其他家人雖然沒什麼意見，但即使過了好幾天，她仍然忘不了當下媽媽的反應。雖然媽媽的反應的確有些過頭，但她卻很難擺脫不孝的罪惡感，整天悶悶不樂，每次照鏡子時都會猶豫要不要重新染回黑色。

這是前來諮詢的一位女性向我吐露的煩惱。雖然是二十多歲的成年人，但在決定髮型的問題上，家人的反應和意見也具有很大的影響力。如果自己的想法和周圍的意見不同，就會出現新的煩惱，甚至產生不必要的罪惡感。「我做出這樣的決定，人們會怎麼看呢？我的家人呢？父母呢？」沒有人能完全擺脫這種猶豫。特別是父母或家人本來就處在原生家庭的框架，因此會對我們的煩惱產生影響。家庭是對個人具有最大影響力的團體，即便成年後在煩惱時，家庭也會影響個人的決定，甚至成為煩惱的原因。

煩惱一件事時，千萬不可忽視周遭群體對我們的影響力。我們可能只是沒有意識到其影響力，雖然覺得是自己下的判斷，但事實上，也可能在不知不覺間，把群體標準當成自己的。又或者，即使我的標準和群體不同，也會為了不麻煩其他人而選擇跟隨群體的標準。而我們之所以會有這種傾向與態度，可以歸因於身處群體的個人，在群體中會出現的幾個行為特徵。

模仿可以減少失誤，節省精力

第一個是觀察並模仿他人的想法和行為。模仿也算是一種生存的本能行為。**一個人若要經過反覆實驗找出合適的方法，會花費太多能量和時間，但如果模仿已經有人成功**

過的行動，或跟隨多數人的行動模式，就會更加方便和安全。

義大利神經心理學家賈科莫・里佐拉蒂（Giacomo Rizzolatti）發現，人體內自從鏡像神經元存在開始，就擁有了這種特殊能力。鏡像神經元不用親身經歷，只要透過觀看和聆聽就能做出同樣反應。從整體分布來看，人腦中的鏡像神經元比其他動物更多。也就是說，人類透過鏡像神經元的功能，無須經歷親自嘗試和失敗的反覆試驗，也能立即模仿他人，同時能掌握他人做此行動的意圖，產生共鳴並學習。

猴子的鏡像神經元主要存在於負責運動功能的部位，所以牠們只能單純進行行為模仿。但人類在大腦的多個部位皆有發現鏡像神經元，因此我們不僅能模仿動作，也能立即模仿和學習語言、情緒等。這也支持了部分科學家的觀點，他們認為鏡像神經元在人類演化中扮演了關鍵角色，促進了工具和語言的使用，進而推動了文明的發展。

嬰兒會觀察並模仿母親的行為，例如看向母親看的方向，藉此理解母親的意圖，並進行模仿和學習。當我們看到某人注視某個方向時，也會自然地跟著看過去。模仿他人的行為，能增加他人對自己的好感，因為這發出了「我們是同類」的信號。同樣地，當我們喜歡一個人時，也會自然地想要跟他一樣，人們通常會喜歡那些跟隨自己的人。而跟隨他人的人，也會懷抱著想要與其相似的信念，進而改變自己的行為模式。

美國心理學家格雷戈里・沃爾頓（Gregory M. Walton）以耶魯大學數學系學生為實驗對象，他告訴第一組學生，他們的生日與著名數學家相同；告訴第二組學生，他們的生日與其他專業學者相同。然後，兩組學生同時解答高難度的數學問題。實驗結果顯示，僅僅因為生日相同這個微小的認同感，第一組學生的思考和作答時間，比第二組學生多出了六五％，他們展現了更強的解題動機和堅持不懈的精神。同時，他們回覆問卷時，也給出了數學系非常適合自己、相對正面的回答。由此可知，**即使是微小的共同點，也能顯著影響人們的行爲**。[18]

模仿可以減少失誤，節省學習所需的時間和精力，進而減輕煩惱。廣告則會誘導這種模仿行為，特別是利用人們在相互比較時產生的羨慕和嫉妒情緒，這就是經濟學家所說的「跟上瓊斯家」（keeping up with the Joneses，意即和周圍的人比排場）。一旦廣告描繪出理想的幸福生活模式，並傳達多數人都在使用某商品的訊息，許多人便會嘗試購買。比起去煩惱是否購買商品，「別人有，我也要有」的想法更能減輕煩惱的壓力，使我們感到更輕鬆。

然而，模仿行為並非在所有情況下都適用。當某事的行為標準與個人標準不同，內心便會產生衝突。**尤其在新環境下，若發現新群體的價值觀或行爲模式與自身不同，便**

會感受到緊張和突兀，這種情況稱爲「疏離感」。這是一種正常的情緒反應，表示群體的標準與我的標準有所衝突。隨著時間經過，等到自己能劃分好在群體中應該遵循的規則和標準，並熟悉原先陌生的標準後，因疏離感而導致的個人特質的喪失，便會逐漸消散。在新群體中，疏離感較低的人通常具有更鮮明的自我主張，更難以妥協或順應他人。

從眾行為讓人感到安全

一般而言，群體帶來的壓力通常會讓個人很難堅持己見。為了說明這種現象，美國社會心理學家所羅門．阿希（Solomon Asch）在一九五〇年代進行了一項經典實驗。他招募受試者進行視覺感知研究，接著他將一群人分組，七人為一組，圍繞半圓桌而坐。每組中只有一名真正的受試者，其餘六人都是阿希安排的實驗助理。

研究員向受試者展示兩張卡片，第一張卡片上有一條標準線，第二張卡片上畫有三條線，其中一條與標準線長度相同，另兩條則長度不同，並明確標示出那些線和標準線的長度差異。受試者被要求在第二張卡片上找出與標準線長度相同的線，並按順序輪流回答。研究員指示前兩位實驗助理給出正確答案，但從第三位開始，則要求他們故意回答錯誤答案。這使得真正的受試者感到困惑，雖然有些人仍然選擇了正確答案，但也有相當一部分人跟隨實驗助理的回答，選擇了錯誤答案。

阿希一共對五十人進行該實驗，其中三七％的人跟隨實驗助理的錯誤答案，而十三人則始終堅持正確答案。實驗的群體人數從一人到十五人不等，結果顯示，當只有一人回答錯誤時，受試者不會動搖。但在七人組中，跟隨群體選擇錯誤答案的受試者最多；而超過七人時，錯誤答案的比例不再增加。有趣的是，在回答過程中，只要有一人給出正確答案，跟隨錯誤答案的機率就會減少到四分之一。[19]

阿希將此現象稱爲「從衆行爲」，並加以解釋「人們不想被排擠，並認爲跟隨群體是安全的反應」，這是人類在群體中會出現的第二種行爲特徵。深入了解從眾行為，就會發現一些有趣之處，這種情況不會發生在只有一個人說出與自己不同的答案時，當一對一時，我們會覺得彼此平等。而只有一位同伴的選擇與我相同時，自己的判斷也不會動搖，這說明了「擁有志同道合的夥伴」是多麼重要。另外，實驗也觀察到，當所有人都依序給出錯誤答案時，到第七個人時，受試者會很難開口說出與大家不同的想法。

令人感到欣慰的是，如果回答錯誤的人超過七人，贊同錯誤答案的比例反而不會再增加。這表示即使在一百人的群體中，也不可能讓所有人百分之百贊同同一件事。換句話說，**只有三〇％到四〇％的普通人容易出現從衆行爲**。

然而，當人們陷入苦惱時，即使是七人左右的少數群體，他們的錯誤判斷也會動搖個人的道德觀和價值觀，將個人的煩惱、決定，甚至行動引導至截然不同的方向。雖然七人可能只是社會上的一個小群體，但也能坐滿兩張桌子了，當一個人被他們包圍時，能主動提出不同意見的人僅占三分之一。**大多數人爲了做出所謂的有效選擇，往往會聽取與自身關係更密切的群體建議，並遵循他們的邏輯**。

尤其是在社群網路發達的現代，有相同興趣或想法的群體更容易形成，進而產生從眾效應。對於政治或社會焦點議題，只要有七名左右的朋友在網路上發表相同觀點，人們就很容易輕易認同他們的意見。如果再加上自己對該議題沒有明確意見或經驗，就更容易發生從眾行為。而剩下三分之一主觀意識明確的人，會在群體壓力下產生強烈的情緒衝突，出現心理不適或混亂，他們可能會在壓力下改變自己的想法、停止關注，甚至切斷與群體的聯繫。

順應群體邏輯，便不必苦惱

從眾行為在群體中十分常見，與他人相處時間一長，或在一個團體中待了很久，就會自然而然遵循他們的標準並內化。**這即是在一個群體內會出現的第三個行爲特徵——「順應」**。

韓國人在介紹自己時，會先說出自己所屬的團體，最後再公布自己的名字。也就是說，韓國人會優先想到自己與團體之間的關係。例如：三十多歲的女性上班族姜恩珠，在外面自我介紹時會說「我是○○公司的科長姜恩珠」，會對鄰居說自己是「鍾鉉的媽媽」，兒子鍾鉉會被鄰居定義為「住在八樓五號的第四個兒子」，在學校被定義為「三年二班的十號學生」。

特別是韓國的家庭結構與其他國家相比，有一個顯著的特點，即個人會將整個家庭視為一體，並將其認同為自我的一部分，這被稱為「家庭自我」。父母和子女之間有著強烈的情感聯繫，個別成員的成就也是整個家庭的成就，成員的錯誤也會成為整個家庭的錯誤。在這種環境下成長的人，往往習慣於順應其首要歸屬群體，也就是家庭的影響。**雖然這減輕了煩惱的壓力，但也可能不知不覺地陷入不道德、非理性判斷的危險**。

當個人的價值觀與群體價值觀產生衝突時，跟隨群體的可能性相對較高，一旦不遵從，就會付出很大的代價。**若是讓群體的邏輯取代個人的良心和價值觀，我們就無需再爲選擇而煩惱**。當一個人放棄個人自由的瞬間，內心就會被制約，這與警察或軍官制服上的臂章一樣，對人具有約束力。同樣地，只要遵循群體或領導的規範，按照手冊上的指示行動，就無需再為決策而苦惱。

進一步觀察大腦的運作機制，就能理解為什麼適應比抵抗更容易。美國神經學家古格里．伯恩斯（Gregory Berns）透過腦部造影發現，當人們出現順應行為時，大腦的額葉並不會明顯活躍，這意味著順應並非一個需要意識運作和消耗能量的過程。相反地，負責知覺的枕葉和頂葉則會活躍起來。**也就是說，當你決定順應時，就不用再進行複雜、耗能的思考和決策，大腦便能節省更多能量，只需專注於接收和處理感官資訊**。

此外，伯恩斯也測量了人們不願順應群體、產生抵抗情緒時的大腦活動，他發現，與恐懼反應相關的情緒中樞——杏仁核——會明顯活躍起來。這表示大腦將被群體排擠視為危險的情況，並做出相應的反應。讓我們回顧一下大腦運作的兩個基本原則：第一，大腦傾向於追求低能耗；第二，避免痛苦比獲得快樂更重要。而順應行為完全符合這兩個原則。如果決定遵循群體的邏輯，就能減少能量消耗，也能避免因個人觀點與群體觀點衝突，而感受到被排擠的恐懼和痛苦。[20]

如此一來，我們當然不會想打破順應行為，正因如此，在某個時刻開始，我們會將群體的邏輯和共識視為理所當然。**就算常識上知道群體邏輯存在明顯缺陷和錯誤，也會因爲不想產生衝突而選擇視而不見，這種現象被稱爲「過度順應」**。

此外，我們還會傾向於根據所屬群體的意見，篩選和組合特定資訊，進而做出判斷。舉例來說，當我們產生偏頗的推論後，再做出符合該推論的順應判斷時，大腦的補償機制就會啟動，使我們感到快樂，獲得正面回饋。簡單來說，只要順應群體意見，大腦就會獎勵自己「做得好」，獲得自我滿足。因為大腦討厭由矛盾引起的痛苦和能量損失，所以會覺得待在群體中整體來說更安全，失敗的結果和責任也會被一同分擔掉。另外，為了維護群體的價值觀，人們會傾向於迴避不利於群體的證據，自行製造盲點。

模仿、從衆、順應，是個人在群體中爲了減輕煩惱、減少能量消耗而產生的行爲。**這些模式雖然可以減少個人的煩惱，但也可能讓人做出喪失道德倫理、非理性的判斷**。也就是說，這些行為都是為了避免痛苦和不適。即使身處僅有兩人的小群體，人們也會選擇順應群體意見，放棄個人意願。群體之所以有如此大的影響力，正是因為它利用了人類害怕突兀、不願與眾不同、擔心因意見相左而被排斥的心理。

22 大腦厭惡模稜兩可的事物

「可以百分之百治好嗎？」

這是醫生最不想聽到的問題。至今，人類對於身心仍有許多未解之謎。儘管磁振造影、電腦斷層掃描、基因檢測等醫學技術的發展，讓我們比以往更能掌握身體狀況和疾病類型，但仍有許多人類尚未破解的領域。患者希望醫生能明確診斷病因，並提供根治疾病的療法，這種心情可以理解。然而，站在醫生的立場，在各種不確定的可能性下進行診斷和治療，是他們無法避免的現實。

義大利的一個研究團隊曾進行一項研究，他們選定了兩百多名具有豐富醫療經驗的專業醫師，評估他們承受不確定性的能力，以及在診療時所感受到的壓力。結果顯示，較難承受不確定性壓力的醫生，比一般醫生多承受了三四%的診療壓力；而擅於承受不確定性的醫生，所承受的壓力則相對減少了一七%。儘管這些醫生在大學時期就被教導

「醫療的不確定性是所有醫學領域的本質」，但這種不確定性仍然是醫生在診斷時的壓力來源。[21]

人類非常厭惡處於不明確的狀態，總想盡快得出結論。即便結果不甚樂觀，但與其模棱兩可地等待，我們寧願快點得知壞消息，早死早超生。

為了了解人類對於不確定性的厭惡程度，荷蘭心理學家吉迪恩・凱倫（Gidon Keren）進行了一項研究。他讓實驗參與者觀看四天的氣象預報，預報內容來自兩種不同的媒體，並詢問他們更信任哪一種。實際上，四天中有三天下了雨。第一種氣象預報顯示降雨機率為九〇％，第二種則說是七五％。從機率上來看，第二種氣象預報非常準確，卻有五〇％的受訪者表示：「雖然四天中只有三天降雨，但整體來說都算下雨天，因此更相信顯示九〇％的氣象預報。」他們認為，明確劃分界限能減少內心的不安。[22]

人類對模糊情境有一種天生的厭惡傾向，稱之為「艾爾斯伯格悖論」（Ellsberg paradox），這是一九六一年由美國軍事分析師丹尼爾・艾爾斯伯格（Daniel Ellsberg）首次提出的學說。在他的實驗中，他準備了兩個罐子：第一個罐子裡有十個黑球和十個白球，第二個罐子裡的黑白球數量則未知。接著，他會給參與者一些提示，例如「一共有二十個黑球」等。然後，參與者要從其中一個罐子裡抽球，如果抽到黑球，就能獲得一百美元的獎金。當被問及只能選擇一次抽球機會時，大多數參與者都會選擇抽第一個確定性為五〇%的罐子。[23]

如今，透過腦部造影觀察，我們發現當人們進行艾爾斯伯格悖論實驗時，大腦的特定區域會變得活躍，研究人員得以藉此找出與該行為相關的大腦部位。當人們需要選擇模糊、不確定的選項時，大腦額葉區域的眶額皮質和杏仁核會活化，研究人員便將此現象命名為「模糊厭惡」。顯然，人類將不確定的事物與恐懼、危險聯繫起來，並產生迴避反應。眶額皮質活動的增加，促使人們迅速做出決策，制定計畫以規避潛在的危險。[24]

不確定性和無法掌控性，是導致我們壓力增加的兩大因素。我們的煩惱，往往要等到做出某項決定後才能結束。然而，如果我們無法確定眼前的變數，又因為周遭情況不斷變化而無法預測未來，那麼做出決定就會變得格外困難。最終，我們無法解決煩惱，只能持續不斷地焦慮，消耗大量精力。

大腦將模糊狀況視爲潛在的危險因素，認爲不確定性會增加負面事件發生的可能性，因此迫切地想要解決問題。**這導致人們跳過充分的討論和確認程序，急於做出決定**。當面對充滿模糊因素的不確定情況時，煩惱只會無止境增加。同時，大腦也會發出停止訊號，要求「到此為止」，內心充滿矛盾和困惑。

23 建立自動化系統，能節省力氣

大腦是節約能源的專家，它總是致力於最大限度地減少能量消耗，有效利用身體資源。大腦就像一位嚴謹的管理員，時刻巡視各個房間，確保瓦斯關閉、插頭拔除，甚至在炎炎夏日，也只允許室內空調維持在二十八度。由此可見，大腦具有維持既有設定的習慣，因為這樣可以避免不必要的思考，從而節省能量。

從大腦的角度來看，這是高效的策略。然而，當環境發生變化或出現新的變數時，大腦仍會堅持原有的設定，自律神經系統就是一個典型的例子，看到食物會自動分泌唾液，緊張時會口乾舌燥。正如大腦無法命令心跳從每分鐘八十次立即提高到一百二十次一樣，自律神經系統也無法像大腦控制手臂運動一樣，隨意控制心跳、肌肉、唾腺和內臟器官。相反，它遵循預設的模式，協調各個器官的運作，以便快速、準確地應對環境變化。

大腦也會效仿自律神經系統，試圖建立自己的運作模式，這就是直覺和偏見的來源。由於人類的記憶並不總是準確，大腦的嘗試往往效果不佳。例如：當我們試圖找到很久沒用的護照或印章等物品時，常常會記不清自己當時放在哪。

信念系統與直覺

試著回想你過去和朋友一起旅行的經驗，即使一同經歷了相同的事件，彼此的記憶卻往往有所差異。當這種情況反覆發生時，我們難免會感到困惑，甚至開始懷疑自己的記憶。每次都要重新核對事實，不僅耗費精力，也讓人感到疲憊。

為了避免類似情況再次發生，大腦會建立一套應對機制，就是所謂的「信念系統」。**大腦會透過有限的資訊來推測事件的脈絡，並建立一套判斷模式，以便根據不同的情況和人事物做出快速判斷**。一旦信念系統建立完成，即使外部環境發生變化，或者大腦接收到新的資訊，也不會輕易改變既有的設定。這樣一來，大腦就能減少能量消耗，並更有效率做出判斷和決策。

如果不能適當回饋、校正該設定時，就只能忽略實際資訊和新事實，做出錯誤的判斷。當系統正常運作時，人會變得更直觀，一旦不能更新系統，就會成為有偏見的人。大腦中的島葉與前扣帶皮層的活化程度，與簡單、快速、低能耗的自動反應機制息息相關。當我們做出「這可能是正確的」這種直覺判斷時，這些部位就會被啟動。另外，這兩個部位也與我們感到疼痛或不適有關。這兩種反應的共同點在於，它們都需要我們快速做出判斷和反應。[25]

一般來說，社會經驗較不足的人，因為倚賴經驗而建立的設定不多，在搬到一個新地方時，就會消耗很多精力。例如：初入公司時一切都很陌生，大腦會因此消耗很多能量，令我們疲憊不已，所以什麼事情都沒做好，容易變成爛草莓。等幾個月熟悉工作後，就不會像以前那麼累了，這是因為大腦內大部分業務都是經由自動化系統判斷並設置的。**一旦煩惱和自動化系統有矛盾時，大腦會自動聽從耗能更少的自動化系統的指令**。這種現象即稱為「直覺」。

直覺是一種能力，即使我們無法立即了解一個人的個性，也能快速判斷當前狀況的危險性，或感知當下的氛圍，這就是自動反應機制的作用。事實上，直覺和偏見就像硬幣的兩面，自認為依賴直覺行事的人，可能比他們意識到的更帶有偏見。負責審閱求職申請和面試的人資，或許認為自己能高效地挑選和拔擢人才。然而，從他們的篩選結果來看，事實並非如此。儘管他們會用各種理由來否認，但他們選出的求職者，在畢業學校、外貌、聲音、給人的觀感、服裝等方面，很可能存在相似之處。

簡而言之，大腦不喜歡煩惱。**完全相信直覺的人，即使面對與自身信念相悖的資訊，也會堅持自己一直以來的信念，這很容易產生偏見。人類傾向於建立自己的「信念系統」，一旦建立完成，就不會輕易更改**。如果一個人相信「A 型的人個性謹慎」，那麼即使 A 型人表現得再怎麼大膽，他們也會忽略這些資訊，堅決不相信。

此外，信念系統會讓我們逐漸變得難以妥協，因為只有相信自己的信念，才能減少模糊性和不確定性，享受信任帶來的安全感和愉快的心理狀態，並最大限度地減少大腦的能量消耗，這種情況稱為「信念偏誤」。過於強大的信念體系會讓人趨於保守，不願踏出下一步，成為人們口中的「老頑固」。

因此，**我們必須時刻提醒自己**「**眼見未必爲眞**」。特別是那些自認為依賴直覺、快速下判斷，或者欠缺深思熟慮的人，更需要反思自己是否過於依賴僵化的信念系統，是否太容易做出倉促的判斷。信念系統就跟陳舊的數據庫一樣，或是沒有更新的地圖導航，如果不及時更新，就會容易誤入歧途。

習慣讓大腦變輕鬆

人將直覺判斷轉化爲行動，卽形成「習慣」。美國德州大學的心理學兼行銷學教授雅特．馬克曼（Art Markman）在其著作《聰明交易》（*Smart Change*）中，說明了習慣是由人類大腦的慣性所塑造的，習慣具有以下四個特徵：

1. **習慣行爲可能在我們毫無察覺的情況下發生**。例如：走路時不自覺從口袋裡拿出手機，或者在看電視時無意識拿起遙控器。這些都是在無意識狀態下自動產生的行為。
2. **習慣行爲可以與需要動腦思考的行爲同時進行**。例如：我們可以一邊輕鬆打字，一邊與人交談。由於打字已成為自動化行為，不占用大腦資源，因此我們能騰出精力來處理其他需要思考的事情。
3. **當環境發生變化時，原本的習慣可能會受到影響**，我們需要付出更多意志力和精力才能完成原本輕鬆就能完成的事。例如：使用朋友的手機時，由於鍵盤或應用程式的排列方式不同，我們可能會感到手足無措。同樣地，駕駛租來的汽車時，我們會格外謹慎小心，也是因為環境變換的原因。

4. 我們通常不會記得習慣性行爲的細節。例如：沒有人會記得昨天刷牙時，右邊刷了幾次，左邊刷了幾次。事實上，也沒有記住的必要。

也就是說，習慣在大腦的神經迴路中建立一條明確的神經路徑。從大腦運作效率的角度來看，這和直覺判斷一樣，是一種低耗能行為。[26] **習慣越多，大腦消耗的能量就越少。在行動方面，我們能夠毫不猶豫採取行動，即使沒有強烈的意志或動機，也能毫不費力執行**。

瑞典卡羅林斯卡學院的研究員安娜．芬霍（Anna Pinho），比較了三十九名職業鋼琴演奏者和業餘鋼琴家在即興演奏時的大腦活化程度。研究結果顯示，業餘鋼琴家在演奏時，負責思考的額葉活動顯著增加；而職業演奏家則僅觀察到運動中樞活躍，額葉的活動變化不大。[27]

因為業餘鋼琴家的演奏並非熟練的習慣行為，他們會一邊煩惱如何進行，一邊彈奏琴鍵，因此需要大量使用到額葉功能；而職業鋼琴家則無需刻意思考或猶豫，他們的手能夠自動進行彈奏。由於消耗的能量較少，所以職業演奏者可以完成兩小時的演出，並將剩下的能量投注在細節和更細膩的表現上。

在處理煩惱時也是一樣的道理，當我們處理熟悉的事務，養成大量的直覺和習慣後，就能減少因煩惱而消耗的能量，可以迅速有效地決定和執行。然而，我們也必須注意，**如果過度依賴直覺和習慣，可能會變得固執、帶有偏見，並故步自封，導致我們無法根據環境變化做出適當的判斷、決策和行動。**

24 大腦會陷入的四種思考框架

大腦會盡力簡化思緒，而前述建立應對模式的過程，就是簡化思緒的一種方式，心理學家將這種模式稱為「捷思法」（heuristic）。**簡單來說，捷思法就是我們在腦中建立一個思考框架，當接收到刺激時，就依照這個框架做出反應**。在沒有特殊限制、危機或巨大壓力的情況下，我們通常會依賴捷思法來行動。捷思法就像作曲時使用的基本和弦、工廠將零件組裝成套件、餐廳提供的套餐選項，它們都能夠簡化思考過程，提高工作效率。**越不喜歡煩惱的人，越傾向於簡化一切事物，因此也越容易依賴捷思法**。捷思法縱然方便，但也可能因此犯下大錯，或做出事後後悔的決定。

捷思法可以定義為「因時間或資訊不足，無法進行嚴謹判斷，或在無需進行繁複判斷的情況下，人們使用的快速估算法」。**人們爲了簡化問題，依照自己的判斷標準制定決策規則，這樣雖然方便，卻也容易陷入思考偏誤**。捷思法與直覺不同，它並非完全的無意識行為，而是經過自己的思考和判斷，然而看似客觀合理的推論，其根據可能來自個人的主觀看法、常見的認知錯誤或大眾常識，事實上並不客觀。

此外，我們還會認為自己的答案雖然不是最理想的，可是在限定時間內和有限資訊中，我們已經做出了最好選擇，這便是捷思法陷阱。所以如果我們知道並更留心注意這些捷思法陷阱，就能多少避免受煩惱折磨，以下將介紹制定煩惱對策時，需要了解的四種捷思法。

錨定捷思法：誤判問題的參考點

定好一個參考點後，思緒便會圍繞著該點展開，如同船隻錨定於特定位置。例如：當某賣場將原先定價過高的商品，標示出八折特價的廣告，消費者往往會產生划算的錯覺（即使折扣後的價格依舊偏高）。因此，參考點的不同會大幅影響我們最終的決策。而錨定捷思的偏誤在於，我們可能因此誤判問題的關鍵，如同電腦故障時，不去專業的電子街或維修中心，而去果菜市場找電腦維修店。當你費盡心思仍無法找到解答時，應先確認自己是否在參考點的選擇上產生了偏差。

可得性捷思法：依賴可輕易回想的資訊

在判斷某件事的頻率或機率時，比起根據實際數值判斷，我們往往更依賴容易回想的具體資訊，或憑藉記憶裡的情報量進行推論，這導致我們對那些容易想起的事物給予更高的評價。

舉例來說，假設有人問：「英文單字裡，第三個字母是『t』的單字和用『t』開頭的單字哪個更多？」由於我們更容易回想起以「t」開頭的單字，因此往往會高估這類單字的數量。[28] 我們對能輕易想起的事物會感到親切，進而誤認為它們具有更多的優點。

一旦我們陷入可得性捷思的陷阱，就很難從煩惱的泥沼中脫身。**當我們爲某件事煩惱，很容易只侷限於平時思考的幾個因素，然而僅僅依靠這些因素，往往難以解決我們的困境**。這時，我們應該嘗試擺脫現有的思考框架，以更廣闊的視野看待問題。但要做到這一點並不容易，因為我們的工作記憶容量是有限的。

代表性捷思法：將片面資訊誤認為整體特徵

俗話說「以偏概全」，我們傾向根據事物或個體與典型範例的相似程度，來推斷該特徵出現的頻率和機率。例如：我們經常覺得「醫生就應該如何」、「法官就應該如何」、「日本人就應該如何」，這些都是我們依據對職業或國籍的既定印象，來推論個人特質。在判斷某件事情時，若過度依賴片面的資訊，將其誤認為整體特徵，並據此做出判斷，這種捷思容易讓我們錯失從多元角度思考的機會。

情意捷思法：受到自身情緒或情感影響

指的是人們在判斷事件或情況時，會受到自身情緒和情感的影響。舉例來說，一位對自己的購物習慣很有自信的人，認為自己是謹慎購物的類型。然而，在前往濟州島旅行時，受到愉悅的旅行氛圍和同行者的影響，他可能一時衝動，購買了當地特產馬頭魚。但回到家後，才發現自己其實並不喜歡馬頭魚的味道，只好將其冷凍保存。這就是受到情意捷思影響，而產生的非理性消費決策。

此外，當我們感到焦慮或憂鬱時，容易對周遭環境做出負面解讀，或認為該情況有威脅性，這也是情意捷思的影響。

25 讓人不理性的八種認知偏誤

人們傾向於認為自己的思考方式很合理，其實未然，一旦我們建立起固定的思考模式，即使情況發生變化，也往往會沿用舊有的思考方式。比起深思熟慮或考慮其他可能性，我們更傾向於依循習慣的模式進行思考和判斷。這時，大腦結構的限制也會對我們的思緒造成一定影響。

不論真相為何，我們主觀上總是偏好讓自己感到舒適自在。所以即便明知不是事實，也可能扭曲事實，做出有利於自身的解釋。英國哲學家伯特蘭・羅素（Bertrand Russell）曾說：「人類是信念薄弱的動物；相反地，我們必須相信某些事情。當沒有可靠的依據可供相信時，即使是不好的依據，我們也會先相信，才能感到滿足。」[29]

以下將介紹幾種看似合理，卻會讓我們陷入不理性狀態的認知偏誤。帶著認知偏誤看世界，也許心裡會感到舒坦，但我們的煩惱也可能因此停留在主觀的滿足中，而離客觀事實越來越遠。

賭徒謬誤：無法分開判斷不同的事件

假設一位打者的打擊率為兩成五，他在今天的比賽裡，前三次擊球都未能擊出安打。那麼，他第四次擊球就一定會成功嗎？許多人會認為如此，但事實上，他第四次擊球的成功機率，和前三次一樣，都只有二五％。這種認知偏誤不僅會發生在旁觀者身上，就連當事人也容易犯下同樣的錯誤。

在統計學中，每一次的擊球都是獨立事件，前一次的結果並不會影響後一次的結果。然而，人們往往會錯誤地認為先前的事件會影響後續事件。

研究發現，當法官在審理庇護申請案件時，如果前一次的判決是允許庇護，那麼在下一案件中，允許庇護的機率會降低一．五％；如果連續兩次允許庇護，那麼在第三個案件中，允許庇護的機率會再降低二．一％。這說明法官的判決容易受到先前判決結果的影響，而非完全基於每個案件的獨立情況，通常資歷不到十年的法官更容易出現這種賭徒謬誤。

同樣地，假設公司面試新人時，面試官對某位應徵者印象深刻，給予了最高評價，然而，下一位應徵者表現同樣出色，甚至在某些方面更勝一籌。儘管每位應徵者都應該獨立評估，但先前應徵者獲得的高評價，可能會影響面試官對後者的評價。反之，如果前一位應徵者表現不佳，即使下一位應徵者只是表現平平，面試官也可能因為對比效應，而給予較高的評價。**當本應獨立的事件連續出現時，事件容易相互影響，進而導致判斷失誤。**

後見之明偏誤：難以接受偶然

事件發生後，當我們重新回顧時，往往會認為一切都是有跡可循。對於所有的已發生事件，都會去思考「為何發生」，直到說服自己接受。我們傾向於相信，重大事件背後必然有重大原因，即使是微不足道的小事，也必定有其緣由。我們會將所有事件串聯起來，努力尋找合理的解釋。有後見之明偏誤傾向的人，難以接受事件的偶然性。

確證偏誤：只接受符合自身觀點的資訊

人們傾向於只接收與自身既有觀點相符的資訊，藉此強化自身的信念系統。這種行為模式能快速且輕鬆地得出結論，因此人們經常在無意識中觸發確證偏誤機制。特別是那些經常脫口而出「我就知道會這樣」的人，往往具有較強的確證偏誤傾向。

資訊偏誤：一味蒐集資訊而不分析

有些人認為，掌握的資訊越多越好，因而一味地追求資訊蒐集，卻沒有認真分析獲得的資訊，這種情況即為資訊偏誤。手邊擁有充足情報固然好，然而，如何判斷資訊蒐集的適當程度並非易事。尤其在煩惱時，過多的資訊反而會讓我們更加混亂，妨礙我們下決定。

近因偏誤：對新資訊抱持較高評價

近因偏誤指的是人們無條件地給予新資訊較高的評價。假設正在接受糖尿病治療的患者，偶然看到國外醫學新聞報導最新糖尿病治療法的研究結果，該治療方法似乎比他目前接受的治療更有效，加上報導中提及該治療方式能完全治癒糖尿病的評論，讓他深受震撼。因此他陷入了煩惱，即使需要遠赴國外接受治療，他也想嘗試這個新方法。

如前述案例，在面對科學或醫學相關資訊時，人們特別容易展現近因偏誤。事實上，國外的研究成果可能僅透過動物實驗驗證了其假設，距離真正商業化並應用於人體，還需要相當長的時間。即使我們目前使用的所有治療方法都經過認證，具有療效且安全可靠，一旦出現新的醫學資訊，人們仍然會難以抗拒誘惑，猶豫是否應該嘗試。

錯覺相關：只看自己想看的面向

比起證明自己信任錯誤的證據，人們傾向於記住那些能強化自身信念的證據。舉一個經典的錯覺相關例子：當我們對某個人抱有負面印象時，即使其他同事稱讚他的善行或優點，我們仍會傾向於貶低他，或者將其善行視為偶發事件，並堅持認為他的個性會導致種種小錯誤。有錯覺相關傾向的人，在面臨煩惱時，往往會只根據自己想看的方向下判斷，看待事物不夠客觀。

前景理論：評估風險時，不一定理性

指的是人們在評估事件發生機率時，容易出現高估或低估的認知偏差。舉例來說，比較飛機失事和汽車失事的機率，根據統計數據，長途汽車旅行發生事故的機率遠高於搭乘飛機。然而，在美國九一一恐怖攻擊事件發生後，從紐約前往佛羅里達州的旅客，選擇汽車而非飛機的比例卻顯著增加。即使汽車旅行需要耗費數天時間，飛機恐攻事件所帶來的強烈恐懼感，仍改變了人們的判斷標準。

倖存者偏差：過度關注倖存的人事物

指受到特定情況下生存下來的人事物影響，讓我們出現誤判情勢的傾向。例如：一些出身貧寒卻成功考上頂尖大學的人，常會強調自己「每天睡足八小時，專注於課堂學習，並且沒有參加任何補習班」。儘管這些陳述可能是事實，但我們在閱讀相關採訪後，可能會錯認自己也不需要參加補習班。我們容易忽略的是，那些登上新聞版面的成功案例，往往是極為罕見的例外。若僅以這些倖存者的經驗為依據來做出判斷，便會陷入倖存者偏差的陷阱。

26 — 生理不適，也會影響思考能力

人們常常認為煩惱是純粹的心理問題，但實際上，生理上的不適也會嚴重影響我們的思考能力。身體上的疼痛類似於一種警告訊號，提醒我們身體正處於危險之中，促使我們採取行動。大腦會優先處理疼痛，將資源集中於消除疼痛的指令上。因此，當神經系統接收到疼痛訊號時，大腦會全力以赴尋找疼痛原因，並加以消除。

如果說不安是感知外部危險的警報器，那麼疼痛就是身體內部發出故障訊號。這兩種情況都代表著當下有重要且緊急的事項需要處理，大腦必須立即做出回應。因此如同處於不安狀態一樣，當我們感到疼痛時，也難以集中精力進行思考。

美國亞利桑那州立大學認知科學副教授克里斯多福．桑契斯（Christopher Sanchez）透過測試漱口水對受試者造成的疼痛程度，來研究工作記憶能力和疼痛之間的關聯性。有用漱口水漱過口的人就會知道，長時間將漱口水含在口中是一種折磨，但對人體並無

害。桑契斯募集了一批大學生參與實驗，他請學生先含著酒精濃度二一・六%的漱口水二十毫升，約四十五秒後再漱口，接著評估他們的疼痛程度，並測量他們在使用漱口水前後的工作記憶能力。

受試的大學生會被要求在含著漱口水的四十五秒內，背誦二十個單字或解答簡單的數學題。實驗結果顯示，在受到疼痛刺激前，工作記憶測試表現優秀的學生，即使使用漱口水也不受影響；但是工作記憶測試結果較差的學生，在含漱口水的情況下，答題正確率比原先降低了三七%。從結果可知，**當一個人心有餘裕時，即使處於煩惱狀態，疼痛也不會造成太大負擔；但在工作記憶空間有限的情況下，即使內心平靜，疼痛這個生理問題也會占據處理煩惱或問題的空間，降低大腦的效能**。[30]

對此，加拿大精神科醫生諾曼・多伊奇（Norman Doidge）解釋，人類的大腦會根據正在進行的活動需求，從各個區域調度資源，以擴大活動所需的空間。[31]例如：如果原本分配給視覺資訊處理的空間，被用於處理更多的聽覺或觸覺資訊，那麼原本分配給聽覺或觸覺資訊的空間也可以用於視覺資訊處理。大腦就像一場大富翁遊戲，在有限的空間裡爭奪土地所有權的情況時常發生，這與辦公室空間根據個人業績重新規劃分配的道理相同。

當一個人感到疼痛時，為了感知、理解和處理疼痛，大腦的多個區域會被分配到疼痛處理上。這樣一來，原本用於其他功能的空間就會縮小。因此，當人們突然感到劇痛或長期受到慢性疼痛折磨時，疼痛的壓力會導致大腦活動力下降，原本用於其他功能的區域會優先用於緩解疼痛，進而限制思想、感覺、印象、記憶、動作等多種心智活動。

後頂葉皮層負責同時處理視覺刺激和疼痛，屬於大腦皮質的一部分。研究發現，讓長期飽受疼痛折磨的人進行視知覺圖像聯想訓練後，他們的疼痛感會有所減輕。這是因為後頂葉同時處理疼痛的空間被視知覺活動占據，在空間縮減的情況下，感知疼痛的功能也會被削弱。透過這個實驗，可以驗證在大腦有限的區域內，疼痛如何與其他功能相互競爭。

當一個人的疼痛感長期反覆出現，與疼痛相關的神經傳導連結會優先於其他訊號。雖然位於頂葉和顳葉下方的島葉負責感知疼痛，但與疼痛相關的不適感等知覺，則是由位於前額葉中間的前扣帶皮層接收感測。一旦這部分感覺被強化，即使疼痛消失，不適感也會持續存在，進而導致杏仁核對這種不適感進行負面解讀，產生憂鬱或焦慮等情緒。若前額葉皮質功能強化，使其制定避免接觸疼痛來源的迴避計畫，則疼痛的持續時間就會延長。如此一來，**疼痛本身、疼痛帶來的不適感，以及由疼痛衍生的情緒反應，會占**

據大腦所有空間，導致內心缺乏空間和資源來處理重要的煩惱。

大腦的容量有限，疼痛會被識別成緊急問題，進而掌握可以立即使用的工作記憶空間，並占據大腦的所有空隙，以做為應對疼痛的資源，使我們評估問題、權衡情緒、制定行動計畫等複雜思考的能力急劇下降。了解大腦的這項運作機制後，便能理解為何患有癌症等重大疾病的人在治療過程中很難選擇適當的治療方案。當人生第一次面對這種生死十字路口，心理壓力再加上疼痛和不適，會占據大腦有限的資源，使他們無法充分考慮。

就算不是癌症，頭痛、牙痛、身體不適等細小的疼痛，也會壓縮我們發揮注意力、判斷力、記憶力時所需的大腦容量。特別是偶發且劇烈的偏頭痛等疼痛，容易破壞我們的執行能力，使我們無法集中精神思考，可能會在混亂中倉促做出決定。

第 4 章

高效人生思考術的四階段

在我們煩惱的過程中看似有很多障礙，但正如前述，只要充分了解那些可能影響我們判斷的情緒和大腦運作機制，就能找到解決之道。沿著這條路徑前進，我們將能掌握解決人生煩惱的高階方法。

讀到這裡，你或許覺得前面章節的內容有些生硬，理論繁多。但艱難的爬坡階段已經結束，接下來是輕鬆愉悅的山脊漫步。理解原因有助於實踐，但若能提供更具體、實用的方法或經驗分享，必能如虎添翼。如果你感到頭昏腦脹，或是準備好繼續閱讀以挑戰大腦，現在可以放鬆心情，以舒適的姿勢輕鬆閱讀下去。

這本書的目的並非逐一提供所有煩惱的解答，而是旨在介紹一套無論何時何地、遇到何種煩惱，都能獨自解決的公式和策略。**我們需要的不是所有問題的答案，而是掌握解決煩惱的整體框架，並運用它來妥善處理日常難題**。為此，請務必牢記以下四項基本原則：

1. 減少煩惱的根源。

2. 在煩惱之前，先確認自身狀態。

3. 確保擁有足夠的內心空間來處理煩惱。

4. 比起煩惱，實踐更為重要。

如果你已經充分理解前述概念，並能運用自如，相信總有一天你也可以開個諮商中心。實際上，我們心中對於某些事情早有答案，只是受限於能量和空間不足，難以清晰呈現。因此與其追求令人驚嘆的奇特答案或看似完美的解答，我們更需要先搭建一個能夠充分思考和處理煩惱的舞台。而這一章，將會逐步介紹搭建這個舞台的方法。

27 階段❶準備・確保腦容量充足

許多人認為大腦如同肌肉，越鍛鍊越強大，甚至相信人類只運用了一%的腦力，只要努力就能開發剩餘的九九%。然而，這種說法忽略了大腦的本質。儘管大腦僅重約一千四百公克，卻是高度精密的結構，消耗人體總能量的二〇%。如此高耗能的器官，其容量難以無限擴張，更像是有限容量的硬碟或信箱。人腦的大小在發育成熟後便已固定，就像茶杯無法變成碗，容量有限是既定事實。與其徒勞地尋找增加腦容量的方法，不如將精力集中於如何更高效運用現有資源。

如何有效利用大腦的有限容量呢？**相較於強調「質」的重要性，從「量」的角度著手或許更爲實際**。**過度強調事情的緊急性與重要性，容易使完美主義者難以取捨，進而感到腦容量不足**。不妨放下主觀判斷，單純計算待辦事項的數量，客觀了解自身處境。這就好比信箱容量告急時，首要任務是刪除不重要的郵件，確保收發功能不受影響。**我**

們也需要清理內心的「郵件」，果斷捨棄近期使用頻率低、無需立即處理的事項，爲重要事務騰出空間。

如果你很難整理或清空腦中思緒，也可以使用「睡眠功能」一鍵整理。睡眠期間，大腦並非完全停止運作，而是如同銀行在三點半關門後，仍會進行內部結算。此時，大腦會關閉接收新資訊的感官，自動整理當日資訊，去蕪存菁。當感到疲憊、難以決策時，表示大腦容量已達上限，此時應停止運作，讓大腦充分休息。神奇的是，隔日醒來往往能感到思緒清晰。在學會主動清理大腦之前，善用睡眠的自動整理功能，不失為一個好方法。

但還不到就寢時間該怎麼辦呢？要減少大腦的活動，可以嘗試放空或漫步來減少大腦活動。研究表明，在公園散步後可以提高二〇％的工作記憶力[1]，儘管無法立即清空大量空間，但透過休息放鬆緊繃的大腦，騰出五％至一〇％的空間綽綽有餘。

美國密蘇里州的聖約翰醫院，其院內設置的三十二間手術室每年都約有三萬例手術要進行。二〇〇二年，手術室的使用率達到一〇〇％，這表示一旦有急診患者有手術需求，原先預定的手術時間就會被推遲，甚至出現凌晨兩點才開始手術的情況。在手術室無法擴增的情況下，護理師的夜勤與加班費在醫院經營層面帶來了不小負擔。遇到這種情況時該如何解決？答案是「強制創造閒置空間」。

醫院重新安排手術日程，保留一間手術室專門處理急診手術。神奇的是，剩下的三十一間手術室居然也能夠負荷剩餘的手術數量。由此可知，並非手術室整體容量不足，而是急診手術等緊急情況打破了平衡，而醫院原先的設置缺乏應對這種情況的能力。當醫院徹底執行閒置一間手術室的原則後，手術數量反而較原先增加了五%，在凌晨動手術的情況也明顯減少。[2]

此案例表明，保留閒置空間有助於提升組織的效率與彈性，同樣也適用於我們的大腦。**爲大腦騰出閒置空間，有助於我們解決被繁雜思緒拖延的重要問題，也能讓我們更有餘裕執行已做出的決定**。

建立慣例，釋放腦力

將煩惱分門別類，能有效清理大腦空間。接下來，我們要學習如何維持內心的餘裕。而最有效的方法，就是從源頭減少煩惱。**透過減少瑣碎的日常選擇，降低需要決定的事**

項數量，就能爲心靈騰出更多空間。

或許你會擔心，如果日常瑣事都按既定模式執行，生活是否會變得枯燥乏味？事實上，現代社會每天需要做出的決定實在太多，加上每個決定都伴隨著責任，有限的腦力往往被大量瑣事消耗殆盡。試想，當你忙於處理公司屬下的失誤，還得同時煩惱午餐要吃什麼，大腦如何能專注於真正重要的任務？此時，改變日常慣例就顯得格外重要。**透過將生活中的瑣事自動化，我們便能釋放腦力，專注於更有價值的事情**。

所謂「慣例」，是指經過驗證且安全的日常選擇，進而固定並反覆執行的行為。日本棒球選手鈴木一朗，即便年過四十，仍活躍於美國職棒大聯盟。他以嚴格的自我管理聞名，為了專注於棒球，他將日常生活轉化為慣例。每天同一時間起床、下午兩點抵達球場、固定菜單、規律訓練與睡眠，甚至連通勤路線都固定。如此一來，他便能將精力完全集中在棒球上。

當我們進行有意識的思考時，便會消耗能量，阻礙大腦的自動運作。建立慣例，就好比啟動汽車的自動駕駛功能，雖然反應速度和變換方向的彈性受限，但能有效節省能量，維持平穩運作。思考本身就是一種耗能行為，隨著能量快速消耗，思考速度也會隨之減緩。因此，建立慣例，讓大腦自動運作，顯得格外重要。

但慣例一旦遭某種因素介入而被打破，我們對慣例的恐懼就會被放大，甚至對至今為止自己自動進行的所有行動產生疑惑，大腦將無法再以自動駕駛模式運行。如此一來，能量會快速消耗，導致行動速度變慢，也會更加緊張。隨著煩惱的事情增加，在需要專注的事情上實際投入的能量就會相對減少。當鈴木一朗和妻子吵架生氣，提早出門並獨自用餐，會怎麼樣呢？可能那天在到達運動場前，他就會因為做太多決定而疲憊不堪。

我很挑鞋子。因為上班時需要穿皮鞋，我又很常到處走動，所以想盡可能穿著走起來輕便舒適的鞋子。經過多次反覆試驗，我最終選定某個國外的品牌，就這樣開心地穿了好幾年。有次因為皮鞋舊了，我打算去賣場購買相同款式，卻發現沒有適合我的尺寸。店員用電腦查詢後，告訴我總公司的倉庫裡還有三雙，於是我便一口氣把三雙都買了，請他們宅配送到家。考量到明年這款鞋子可能會不再進口或停產，所以我才一次購入三雙，買完後心裡踏實不少，至少今後幾年，我不用再擔心上班時要穿什麼皮鞋。

當然，在日常生活中並非都需要用這種思路購買衣服鞋子，但不妨試著在以下情境建立慣例，就像我們洗澡後自然而然會刷牙一樣，將通勤、午餐等日常活動變成自動化的流程。例如：你可以固定早上前往捷運站的路線、習慣在特定車門等候，或是在固定的地點解決午餐。一旦建立這些慣例，在遇到重大變動之前，就盡可能地遵循它們。你會發現，生活因此變得更輕鬆，也更能專注於重要的事情。

慣例，可視爲一種有意識建立的習慣。然而，它與純粹的習慣有所區別。習慣是在無意識下自然形成的行動，例如等待電梯時滑手機，往往不假思索。建立慣例後，大腦能自動執行這些行為，釋放出更多空間處理其他事務。更重要的是，慣例不會占用記憶空間，也無需反覆回顧，因此不會造成心理負擔。它不僅節省能量，還能帶來穩定感，讓我們在面對日常瑣事時，能更輕鬆自在。這便是慣例的獨特優勢——**既能簡化生活，又能減輕精神負擔**。

實行慣例時，務必區分日常瑣事與需謹慎決策的公務或社交互動，前者適合採用慣例，將重複性高的行為自動化；後者則須避免過度依賴慣例，以免造成反效果。**切記，建立慣例並非將所有事情僵化，而是爲了釋放腦力，專注於重要事務**。慣例雖可能降低彈性，卻能換來內心的安定感，如同定心丸，有助於我們在複雜多變的環境中保持穩定，減少不必要的焦慮。

停止自我消耗的確認清單

大腦是個高耗能的器官，對外界刺激極為敏感，容易因能量耗盡和身體疲勞而功能下降。當能量不足時，除了感到疲憊不堪，還會影響情緒調節、衝動控制，並導致決策能力下降。因此，在面對重大事件時，更應隨時留意自身狀態，避免能量過度消耗。你可以透過以下五點，檢視自己的狀態是否良好：

1. 飢餓
2. 疼痛
3. 睡眠不足
4. 時間壓力
5. 金錢壓力

無論是飢餓、疼痛、睡眠等生理因素，還是時間、金錢壓力等環境因素，都會消耗自己的精神能量。

在事前檢視時若發現問題，請優先嘗試解決。即便無法完全解決，了解這些因素對決策過程的影響也十分重要。接著，再重新審視問題，避免因倉促、保守或疏忽其他因素，而做出後悔的決定。

28 階段❷ 煩惱・準確掌握煩惱的九大對策

在找到能解決困惑的方法前，首先應該打開煩惱的GPS導航系統，掌握自己現在的位置。在名為人生的地圖上找出這個問題的位置，了解其深度和高度後再著手解決。以下三個標準可以幫助我們判定煩惱的位置。

第一，**先分辨自己對正在煩惱事情的反應是由情緒主導，還是由認知主導**。若出現「事情出問題就完了」等不安情緒，表示情緒主導判斷，憂鬱或焦慮等情緒會加重問題的嚴重性。反之，若無明顯情緒反應，僅是待辦事項增加，如「預約旅行、準備會議、討論報告、孩子報名補習班」等，則屬於認知範疇。

第二，**區分待辦事項的輕重緩急**。立即處理事項與可延後處理事項應明確區分。明日或未來的事項，不應列為當下處理要務。畢竟未來之事充滿變數，過度重視可能增加不必要的煩惱。同時，也應評估過去經驗對當下決策的影響。過去經驗過度干擾，同樣會造成問題。因此，區分情緒與認知後，再按時間軸將煩惱劃分為過去、現在、未來，有助於釐清思緒。

第三，**檢視自身能量**。因為身心狀態會直接影響決策品質，但人們往往忽略此點，僅著重事件本身的重要性。如同財務拮据時需節省開支，購買高價物品前需評估自身財力，決策前也應評估自身能量。我們的能量總額在不同時間點也會不一樣，接近半夜和上午十點的能量餘額不同，上午思緒清晰，適合處理需要深度思考的煩惱，而疲憊的下午則應避免。能量不足時，應制定妥善計畫，分階段處理問題。

活用工作記憶：做分類、整理故事

善用工作記憶，能為大腦騰出更多可用空間。如同電腦的「快取」，工作記憶將常用資訊儲存於傳輸快速的記憶體中，省去每次從海馬迴等主要記憶區調用的時間。這種大小記憶體並行的概念，源自一九六〇年代的超級電腦設計。隨著認知心理學的發展，人們發現人腦也擁有類似的記憶系統。

理解並運用工作記憶，有助於解決煩惱。工作記憶與傳統記憶不同，它能在運作正常時，決定資訊優先順序、專注於重要資訊、快速組合可用資訊，並即時應變。

要如何才能善用工作記憶？**第一種方式是做好分類，以便我們能夠迅速取出記憶使用**。電腦的「我的文件」資料夾內有時會毫無章法地存放各種文件，因為懶得每次都將檔案分類到適當的資料夾內，所以才會導致Word、PPT、PDF等數百個文件混雜在一起，一旦要找特定文件時就會很困難。想不起文件名，就只能回憶一下自己什麼時候撰寫，將文件順序改成依日期排列，即使這樣也不容易找到，看到數百個文件排列在一起，腦袋可能只會一片空白，不知從何找起。

試著在閒暇時整理這些檔案吧！將文件重新分類到各文件夾雖然麻煩，但完成後便能一目了然，也更容易找到自己需要的資料。按照文件種類和工作類別多建立幾個文件夾整理資料，就能讓資訊一覽無遺。如果將心中浮現的眾多記憶譬喻成「我的文件」裡的文件，從工作記憶的角度來看，重新分類這些記憶就是不可或缺的過程，將瑣碎片面的煩惱按種類、主題分門別類，就能增加閒置空間。

規劃旅行時，若要逐一思考飯店、景點、交通、餐廳等細節，大腦很快就會達到負荷上限。若在工作期間同步進行旅行規劃，勢必影響工作效率。因此除了利用午休或下班時間專注於旅行規劃，不妨在腦中建立一個「旅行」資料夾，將飯店、景點、交通、餐飲等相關想法全部放入其中。如此一來，原先被旅行事項占據的工作記憶空間，便能從四個減少至一個。這些細節被壓縮成更小的檔案，有效降低占用空間。

運用工作記憶的第二種方式，**是將事件依時間順序整理成故事脈絡**。執行一項任務前，往往需完成多個前置步驟，逐一確認細節，容易造成大腦負擔。**將事件的前後關係串聯，並概括成一句話，有助於掌握整體脈絡，將多項工作合併思考**。如同將感官體驗濃縮成一句話，能有效簡化複雜情況。許多記憶專家都採用此方法。與其單獨記憶各項待辦事項，不如依事件脈絡建構故事，更能掌握全貌。先描繪事件藍圖，再加入所需細節，能大幅減輕大腦負擔。不妨練習將當前情境簡化成一句話，並記錄於紙張或便條上。

例如：A先生接手了一個新專案，該專案為期六個月，為了順利運作，首先需要招募成員，尋找新的工作空間。A想和公司後輩B一起共事，而B現在還在出差，預計下週才會回來，所以他打算先寫一封郵件跟他約面談。A再度審視企劃案後，發現預算遠遠不夠，應該向部長提議開會，請求追加預算。還要詢問總務組，八樓會議室旁的空間能否提供給該專案使用。同時還要向家人說明，自己接下來六個月將會非常忙碌，沒辦法休假，但應該什麼時候說才好呢？

如果腦袋裡同時裝這麼多東西，事情就會變得十分複雜，也沒有空間再插入其他事情。這時，因為已經被資訊量壓垮，通常會感到煩躁不已，新專案就像在擁擠的車道上插在自己前方的車一樣討厭，但A最終仍然要決定好這些事情。接著，讓我們來濃縮一下前述所有事件：

「半年計畫K，大躍進的機會。」

將計畫濃縮成一句精煉的廣告文案，不僅能簡化事件，更能明確目標。如此一來，眾多細節便會自然成為達成目標的必要步驟，事情的優先順序也隨之確立。接著，我們來探討如何果斷捨棄無用資訊。為了專注於當前事務，必須毅然刪除那些抱持「或許有用」心態而囤積的記憶。

我經常購買紙本書籍，導致書架空間嚴重不足。不僅家中如此，研究室的書櫃也堆滿了各種書籍，桌面更是堆積著未讀之書，嚴重影響查找效率。我甚至多次重複購買已擁有的書籍。深感問題嚴重，我決定制定購書與閱讀的明確原則，並將書籍分為三類進行整理。

首先，將近期購買且已開始閱讀或計畫閱讀的書籍，排列於桌面。閱讀完畢後，將書籍分為三類：具備重讀或參考價值的書籍、無需重讀但內容有趣的書籍，以及不再重讀的書籍。第三類書籍會轉贈他人或出售至二手書店。

第二類書籍則放置於書櫃。若書櫃空間不足，則會從書櫃中移除一本最早購買且未閱讀的書籍。至於第一類書籍，則會收納於專屬書櫃，該書櫃僅收藏個人珍愛的書籍，數量約為一百五十本。我將此書櫃稱為「附屬大腦」或「名譽殿堂」。當書櫃滿額且需新增書籍時，我會即時挑一本移出，但不會丟棄，而是轉移至一般書櫃。若該書籍長期未翻閱，則會歸類至第三類，永久移出「附屬大腦」。

如果不用這種方式整理書籍，我的書櫃與研究室恐將淪為日本藏書家立花隆的「貓樓」翻版，堆滿二十萬冊藏書，雜亂無章。因此我們的大腦亦應定期整理，刪除使用率低的資訊，並學會遺忘。那麼在刪除資訊時，應該遵從哪些原則呢？

主要有隨機刪除、先進先出（先處理最早發生或接收到的數據），以及刪除最低使用率資訊三種方式。研究表明，比起隨機或先進先出，刪除最低使用率的資訊在管理資訊上成效最佳。[3] **因此應優先刪除近期接收或長期未使用的資訊，而非僅按時間順序處理**。經常使用的資訊應置於顯眼易取之處，不常用的資訊則可置於較遠位置，並在心中模擬其位置，有助於有效管理工作記憶。

然而，刪除無用資訊、確保可用空間，說來容易，實則不易。若腦中資訊雜亂、待辦事項堆積如山，該如何是好？塗鴉，是一個簡單卻有效的解決辦法。

英國普利茅斯大學心理學系的傑基·安卓德（Jackie Andrade）曾進行一項實驗，他將四十名實驗受試者分成兩組，每組二十人。受試者需聆聽一段乏味的通話，並被告知無需記住內容。一組受試者被要求在白紙上隨意塗鴉，另一組則僅需聆聽。實驗結束後，塗鴉組受試者回憶的通話內容，較未塗鴉組多出二九％。塗鴉以低耗能的方式啟動工作記憶，有助於集中注意力。且塗鴉本身不會消耗過多能量，亦不占用工作記憶空間，因此能幫助人們記住流水帳般的資訊。[4]

如同有些人認為在咖啡廳學習效果更佳，是因為白噪音的作用。**當人們處於長時間乏味或壓力過大的環境中，透過塗鴉等低耗能活動，有助於提升工作記憶的使用效率。**

把大煩惱分解成小煩惱

「煩惱真的多到腦袋都快爆炸了，一想到要煩惱這些事就感到厭煩。」這是很多人煩惱到疲憊不堪時會說的話。堆積如山的煩惱讓內心剩餘的空間不到一〇％，產生這種情緒是理所當然的。而我們現在學習到如何騰出空間後，就能試著把煩惱一一攤開來看了。請你試想這個情況：

你站在衣櫃前，看著堆積如山的衣物。每天回家，你都習慣將換下的衣物塞進衣櫃，然後迅速關上門，彷彿害怕衣物傾瀉而出。你總是將新穿過的衣物往後推，只取出最外面的衣物，因為對衣櫃深處感到陌生甚至恐懼。然而，時序已進入春季，衣櫃最前排卻仍是厚重的冬裝。這該如何是好？

這就是滿腦子都是煩惱之人的心情。他們不加區分地將煩惱塞進腦中，同時又懼怕面對那些尚未找到解答的問題。此時，最明智的做法是將所有煩惱逐一取出，攤開審視。唯有如此，才能根據情勢變化，判斷哪些煩惱需要捨棄，哪些問題需要重新思考。理想的煩惱處理方式，始於了解自身所擁有的。為此，**最有效的方法便是將煩惱寫下來**。

準備一疊便條紙，將腦海中的想法逐一記錄下來。運用工作記憶的分類概念，將相似主題的煩惱寫在同一張便條紙上：

- 確認星期日家庭聚會地點
- 預約餐廳

- 打電話問候母親
- 決定是否解除定期存款
- 解決與討厭的後輩之間的問題
- 牙齒一直在酸痛，要去看牙醫嗎？
- 決定手機門號續約與否
- 在現在的公司繼續待下去會有前途嗎？
- 閱讀購入的書

將所有煩惱寫下後，放置於桌面，慢慢審視，切勿急於解決。僅僅觀看，便能帶來意想不到的效果。原本藏匿於內心的煩惱，一旦呈現在眼前，便能清晰感受到其重量與急迫性。將這些沉重的情緒攤開在陽光下，心情也會隨之輕鬆許多。

嘗試將煩惱分爲：今日待辦事項、一週內待辦事項、長期目標，並據此重新排列便條紙。立即處理當下可完成的事項，如選擇聚會地點、預訂餐廳、撥打電話等，完成後便將便條紙丟棄。其餘便條紙則按時間順序，以手機拍照記錄。如此一來，便完成初步的煩惱整理。

相較於隨身攜帶待辦事項清單，此方法更為靈活。當思緒混亂、心情沉重時，不妨嘗試此方法。僅需清晰梳理煩惱，便能將其重量減輕至可承受範圍。

這種方法看似簡單，但我常納悶為何鮮少人使用。我曾收到一盒糕餅禮盒，數量不多，我便心懷感激地帶到研究室。然而，繁忙的工作讓我很快遺忘此事，禮盒被文件和書籍層層掩蓋。

數月後，當我著手整理凌亂的研究室時，才意外發現這個禮盒。我已不記得禮盒的來歷，輕輕晃動，裡面的東西似乎不是餅乾，而是蛋糕，我頓時感到不安。我擔憂鮮奶油蛋糕早已腐壞，懷著忐忑的心情打開盒蓋，內心不禁感到噁心。定睛一看，幸好是和菓子。雖然不排除有大量防腐劑的可能，但沒有蛆蟲蠕動已讓我鬆了一口氣。

人們往往因恐懼而迴避或不願提及煩惱，害怕面對不願見到的真相。如同我曾因擔憂而逃避處理糕餅禮盒，我們也常因恐懼而拖延面對痛苦。然而，問題終究要面對，如同我最終必須處理禮盒中的糕餅，我們也無法永遠帶著問題生活。無論防腐劑多寡，糕餅終究要解決。

此外，務必留意，**過於龐大的煩惱容易令人不堪重負**。主題過於廣泛，亦會讓人感到難以應對。人生目標、親子關係、自我認同等問題，往往難以尋得明確解答，即使有意解決，亦容易讓人感到喘不過氣。

即使非抽象難題，考慮留學、創業等重大抉擇時，也可能面臨相同困境。這些縱然是幸福的煩惱，若與日常瑣事一同處理，則會顯得過於沉重，因此人們往往選擇延後處理，「找一天好好思考」。然而，時間流逝，人們只會感到越發後悔自責，徒增對現狀的疑慮與不安。

銷售技巧中，有一種稱為「得寸進尺法」。挨家挨戶推銷往往令人感到抗拒，若能得到回應並引起興趣，便可說是成功了一半。此策略旨在透過日常對話，降低對方的戒心，逐步引導對方打開話匣子。一旦成功進入屋內或與對方建立對話，便有機會推銷產品。將大煩惱化為小煩惱，亦可借鏡此種「得寸進尺」的思維。

若覺得當前問題過於龐大，感到茫然無措，只會徒增挫敗感。此時，不妨先刪減一〇%至二〇%的問題。如同品嘗一口海水，便可知其鹹淡，無需飲盡。儘管刪減部分問題會讓人感到不安，但人們往往渴望一次解決問題，以獲得「完成感」。這種追求「結束心理」的心態，會驅使我們優先處理未完成的事項。

一旦產生「結束心理」，人們容易感到焦慮，傾向於擱置棘手的大問題，轉而專注於眼前的小事，並以「我正在努力」合理化自己的行為。然而，問題並不會因此消失。

小問題或許能隨著時間推移自行解決，但大問題若長期擱置，則可能如滾雪球般擴大，消耗更多精力。因此，**應量力而爲，每日處理一部分問題，逐步解決**。

曾有位母親帶著孩子前來諮詢房間整理的問題。她說：「孩子的房間亂得寸步難行，他很困擾，卻不知從何下手。」我請孩子舉起手臂，在空中畫一個半圓，並請他試著整理半圓內的空間。孩子欣然同意。隔週，孩子回來諮詢，他已將半圓內的區域整理乾淨。儘管範圍不大，但他整理了書桌及周邊的床鋪。自從學會半圓分割法，母子倆便逐步擴大整理範圍，不到兩週，房間煥然一新。儘管整潔程度或許無法媲美極簡主義者的房間，也可能很快恢復原狀，但孩子已學會如何運用半圓分割法，整理房間不再是令人望而生畏的難題。

我們也能以相同方式對待煩惱。先伸直手臂，畫出半圓，運用「得寸進尺」的心態，試著在腦中推演一〇%的煩惱。如此一來，或許能找到一絲頭緒，或產生「也許我能做到」的樂觀想法。即使煩惱依舊難解，不知從何下手，也無需氣餒。這或許表示時機未到。儘管無法一次解決所有煩惱，暫且擱置、靜觀其變，亦不失為一種選擇。

區分痛苦與不適

你是否也曾因為焦慮而放大了煩惱，或者心情迫切，無論如何都想儘快解決問題？我們會這樣做的原因可能是因為大腦受到了驚嚇，煩惱被認定為痛苦的源頭，大腦認知到危險後便啟動邊緣系統。與其全神貫注解決問題，首先更應該依問題的迫切程度分類問題。分類完問題後，會發現有一半的問題自然而然消失了，我將這種分類法稱為「釐清痛苦和不適」。

我們的大腦會把「痛苦」與「不適」認知成同一件事，必須盡量避免。若不區分問題的輕重緩急，大腦的邊緣系統會因過度警覺而變得敏感，進而誇大危險程度與問題的急迫性，導致我們耗費不必要的能量，或做出倉促且不理性的判斷。

痛苦是告知有危險的信號，也是為生存下去而發出的信號。反之，不適是可忍受的，即使持續存在，亦不會危及生存。痛苦的特徵是無法忍受，不會隨時間消減；而不適感則會在時間推移下逐漸消逝，且在可承受範圍內。由此可知，**「健康的心態」並非完全沒有痛苦（期待此狀態是不切實際的），而是學會忍受不適，同時尋求舒適與安全感，維持日常生活的正常運作。**

在投入到應立即解決的事情之前，先把問題分成痛苦和不適兩類吧。可忍受的「不適」並非急需解決的問題，可從煩惱清單中移除，如此一來，真正帶來「痛苦」的事項便會大幅減少。例如：

- 今年夏天真的太熱了，要在每間房間都裝一台冷氣嗎？
- 每天上班都要搭跨縣市公車真的太累了，要買一台車嗎？
- 去拜訪客戶時，要轉乘三次公車和捷運，不如花點錢坐計程車去吧？
- 中秋節的親戚聚會，感覺又會問我何時結婚，怎麼避開呢？

以上的煩惱都是「不適」而非痛苦，卻有很多人認為這是極大的痛苦。特別是在社交關係中，有些人面對某些議題時，敏感程度已經超越不適，開始將其歸納在痛苦領域。美國心理學家馬爾克．舍恩（Marc Schoen）在《你的生存本能正在殺死你》（*Your Survival Instinct Is Killing You*）中指出，對特定議題過度敏感已成為一種社會現象。[5]

邊緣系統會根據問題的嚴重程度，判斷是否達到危險門檻。若外在刺激低於「臨界值」，則不會發出危險信號；若超過臨界值，則發出危險信號。然而，隨著社會進步與生活水準提高，臨界值的標準逐漸降低。不知不覺間，即使外在刺激未達到以往的臨界值，與生存本能相關的危險信號燈亦會亮起。換言之，大腦將「不適」視為「痛苦」，並做出相應反應。對「不適」的耐受性整體下降，反映出我們的心態轉變，對安心感、舒適感、安全性的要求提高。我們期盼所有細微的不適都能立即消除，將瑣碎的煩惱放大為嚴重困擾。

因此這些人會在邊緣系統亮起警示燈後，盡速處理這些讓他們感受到不適的事情。例如：在人際關係中，較敏感的人會選擇與拒絕社交，獨自生活，或對無禮的提問反應刻薄。有相似氣質的人會互相幫助和擁護，以群體形式積極應對這些危險情況，這種情況正逐漸增加。

若說百年前的社會是壓抑痛苦的封建時代，那麼當代社會則將痛苦與不適混淆，導致幸福感與安全感反而降低。這看似矛盾，卻是當代人面臨的現實，尤其是在相較於百年前更為舒適的生活環境下。這正是馬爾克．舍恩提出的「舒適感的背叛」，也是當今資本主義社會中「有不舒服就要勇於表達」等廣告標語背後，隱藏的痛苦根源。

馬爾克．舍恩認為，整體而言，現代人的生活已趨舒適，但對「不適」的耐受度卻大幅降低，此現象被稱為「舒適悖論」（cozy paradox）。抗憂鬱藥物、抗焦慮藥物、安眠藥的使用率提升，對塞車或情緒勞動的憤怒情緒、住宅噪音的投訴案件增加等，皆屬於此悖論的範疇。

感到痛苦，並非源於個人忍耐力不足，而是大腦將當前煩惱視爲迫在眉睫的問題，焦慮情緒引發全身不適。此時，很有可能是大腦將「不適」誤判爲「痛苦」。因此越是急於解決的問題，越應重新審視，並將其區分為「痛苦」與「不適」。

若將原先在痛苦類別中的事項劃分至不適類別中，痛苦的範圍就會縮小，你會因此感到更安心。**即使沒有解決問題，沒有煩惱的理由，就沒有必要解決煩惱，以此來確保自己留有一定的空間和能量進行煩惱**。

一旦習慣舒適感，就容易將日常生活中的很多問題分類到痛苦範疇內，認為這些問題很緊急，需要馬上解決，即使晃動幅度微弱也會啟動「生存警報」，並試圖採用過度耗能的解決方案。人在長久處於舒適環境下時，外部和內部環境變化的感測器會變得非常敏感，難以維持內心的平靜與和諧。想像一下，若把原先能秤一公斤重的磅秤換成了只能秤十公克的磅秤，即使一公克的變化也會大幅晃動。看待世界，明明可以使用商業用的大磅秤，卻有些人將其置換成烹飪時計算調味料的電子秤。

人類有維持「體內平衡」的本能，若總是把和煦微風當成颱風來襲的前兆，內心只能隨時做好戰鬥準備。不僅會陷入高耗能、高敏感的惡性循環，也會強化我們對「這件事情令我痛苦不已」的信念。導致無法放鬆警惕、草木皆兵；即使週末也不能好好休息，不時就要確認一下信箱；暴飲暴食，攝取高熱量的食物；或是和朋友一起沉迷於刺激的電玩手遊，出現追求刺激或恐懼的「上癮」狀況，甚至可能出現恐慌症或酒精成癮問題。

從原則上來看，理想的社會變化會使個人在「追求安樂」時產生這種悖論，而讓自己從煩惱中解放的方法即是區分痛苦和不適。劃清界線，明確界定哪些問題屬於不適的範疇，也讓自己明白不適與痛苦哪裡不同。只有這樣，內心才不會動搖，陷入焦慮和急躁中，能合理看待現狀。

再者，我們需思考另一個問題：搬遷或離職後偶爾產生的後悔情緒，是否屬於「痛苦」範疇？例如，我們可能因新社區氛圍不佳、離生活機能區較遠，或因無法融入新公司、工作難以上手而感到困擾。在前公司，我們或許習慣了與同事間的默契合作，但在新公司，卻需重新適應一切。

這類問題應歸類為「痛苦」抑或「不適」？是否應重返舊居或舊職？毋庸置疑，其中包含痛苦的成分，但超過九成的這類困擾，並非真正的痛苦，而是名為「陌生」的不適感。如同初次海外旅行、初次嘗試異國料理，這些陌生感皆屬正常。「**陌生**」**是可忍**

受的，它代表著一種短暫的不適，隨著時間推移，便會自然消解。因此，我們無需過度擔憂，靜待適應即可。這是一種自然的生理現象。

當人們踏入陌生環境，本能會感到自身價值觀與異文化產生衝突。此時，我們會明確劃分與他人的界線，對衝擊自身價值觀的事物感到不適。同時，我們也會依循既有標準與價值觀，逐步篩選出可接受與不可接受之事。

在將陌生情境視為痛苦，觸發危險警報前，應先區分兩者。我建議將觀察期設定為三個月左右。若三個月後，陌生感仍未消散，甚至加劇，則可更清晰地辨識問題。

此時，可能代表該團體正面臨危機、內部存在問題，或單純是與自身不相容。與其歸咎於自身問題，不如理解為環境不適。然而，若陌生感持續時間在三個月內，則屬正常現象。如此一來，便能大幅減輕內心的負擔。

定好煩惱的先後順序

剛上桌的泡菜鍋還滾燙冒著泡，午餐點了泡菜鍋套餐，今天的小菜是我喜歡的煎香腸和燉鯖魚。拿著筷子的手伸向煎香腸，想快點吃掉再要一盤，但是吃兩盤的話，泡菜鍋可能就吃不下了。雖然香腸看起來很好吃，但最好把戰力留到主菜。管理交通也是同樣的道理，煩惱亦是，需要先定好順序再依序解決。而孰先孰後，可以根據急迫性、重要程度等三個標準來決定。

第一，**分清楚哪些事很困難，哪些事做不到**。事實上，這兩種情況都令人頭痛，因為需要耗費很多能量，判斷時負擔也很大。如果要實踐，肯定還要經歷各種難關。但若是本來就不可能做到的事情，那再怎麼煩惱都找不到答案，無法立即解決問題。思考這些不可能做到的問題，就像發動機空轉到最後會燒毀一般，會把能量消耗殆盡。以下面幾點為例，讓我們來練習區分哪些事情做得到，哪些做不到：

- 學好日文後，獨自去日本鄉村旅行
- 改變母親的態度，讓她不要每件事都冷淡拒絕我
- 說服在細枝末節挑毛病的後輩接受自己的意見
- 雖然五音不全，但是想努力練唱去上歌唱節目
- 增肌五公斤

• 長高十公分

首先，學日文與增肌並不容易，但能在幾個月或一兩年內完成，因此可以歸類為困難的事情。說服後輩雖然困難，但無論是打擊我的自尊還是用力量壓制我，縱使可能會發生衝突，但並不是完全做不到。再來，成人要長高十公分、從音痴到參加歌唱節目，幾乎不太可能完成。還有要改變上了年紀的母親的態度，讓她能夠認同我，這也幾乎不可能，人的個性不容易改變，特別是老人的個性會更加頑固，無法改變。一番整理下來，就可以將改變母親的態度、提升歌唱實力、身高選項都大膽地排除在煩惱之外。現在再看看剩下的選項有哪些。

困難是「雖然要很努力、花費時間也很久，但最終仍可以實現的事」。我們很難馬上解決困難，但還是做得到，也可以將困難看成是一種願望清單。這類事情要細分開來，即使需要耗費時間，抱著一步一腳印的心態做下去。此外，這樣做之後，我們也能得知其實自己是可以承受得住這些煩惱的。但若執著於做不到的事，只會讓自己疲憊不堪，也無法解決問題，應該盡快把這些事扔掉。

第二，**區分事件中的常數與變數。常數是不可變的事實，無需徒增煩惱，如同我們**

無需執著於無法改變之事。然而，與無法改變之事不同，常數往往與我們的人生經歷或天賦有關，難以割捨。以前述例子而言，歌唱實力與身高屬於變數，但親子關係則屬於常數。親子關係是人生的基礎，無法更改，即使試圖否定或斷絕關係，其存在亦不會消失。相較之下，變數指的是每日發生的新事件，如午餐約會、回覆電子郵件、提案接受與否、人際衝突等。

常數往往與過往經驗連結，容易觸發情緒反應，因此常被誤認為急需解決的問題，被大腦優先處理。然而，常數通常是無法立即解決的問題，如同我們肩負的責任，容易讓人陷入原地打轉的困境。這些問題終究需要面對，但在時機到來前，無需過度擔憂。

若過度糾結於常數問題，將會犧牲變數。當我們將親子關係等情感問題置於優先順位時，日常事務如工作、電子郵件、午餐約會等，則會被視為無足輕重，延後處理。如此一來，容易導致決策失誤，事後懊悔。**陷入無法解決的煩惱時，我們容易忽略或草率處理日常事務，進而引發更多問題**。

當完成當日工作，閒暇之際，母親來電，談話內容令我感到受傷。此時，因有空閒，我可靜心思考親子關係的處理。然而，若此情況發生於清晨，早上的不愉快可能影響整日的工作進度。因此，應果斷延後處理情感問題，優先處理變數。這並非逃避問題，而是待完成日常事務後，再行思考。此外，思考問題時，應避免以「改變母親個性」為目標，而應針對具體問題，如母親的說話習慣、溝通模式等，尋求解決方案。

第三，**區分「不喜歡」與「不擅長」之事**。不喜歡之事，源於各種原因而不願執行，但不代表無法完成。不擅長之事，則指以自身能力無法企及之事。兩者皆會令人猶豫不決，並在煩惱時疊加負面情緒。因此，我們需明確區分兩者。盲目投入不擅長之事，容易遭受挫折。不喜歡之事，雖耗費精力，但透過努力仍有機會完成，僅是不情願，而非能力不足。

首先，區分「能做到」與「不能做到」之事，再將能做到之事區分為「喜歡」與「不喜歡」兩類。喜歡之事無需煩惱，但不喜歡之事則需進一步評估。此時，可參考以下與個人價值觀相關的疑問：是否具有豐厚的金錢回報？是否能帶來聲譽或社會意義？是否為挑戰新領域的機會？

若經前述條件篩選，仍不喜歡該事，則應果斷從「是否執行」的煩惱清單中移除。若經評估後，雖未轉為「喜歡」，但轉為「值得一試」，則該事便從「是否執行」的煩惱轉為「如何執行」的煩惱。

透過前述分類，將糾結的煩惱分門別類，確立執行順序，便能清晰掌握當前應處理的課題。如同高級燒肉店處理肉品，需剔除筋、脂肪、骨頭等雜質。煩惱亦需細緻修整，確立解決順序，方能減輕負擔，集中精力處理重要問題。

別花太多力氣在維持關係上

「他已讀不回，究竟是什麼意思？」

一位女性深受與男友關係困擾，反覆向我提出此問題。每當訊息未獲回覆，她便感到不安，猜測男友是否遭遇不測、心生不滿，甚至懷疑是否出軌。男友的隻字片語，亦能令她反覆咀嚼，揣測其背後含義，終日不得安寧，工作亦受影響。即使確認男友並無弦外之音，新的疑慮又會接踵而至。人際關係敏感者，往往深陷關係細節中，過度關注對方反應，耗費大量精力，最終疲憊不堪。細節固然重要，但若對每段關係的微小問題皆做出反應，或對所有人際關係都感到憂慮，則不勝其擾。

此時，應著重於整體趨勢。從整體評估，**當雙方關係融洽時，應聚焦於關係的正面價值，避免因日常瑣事而輕易扣分。唯有關係亮起紅燈時，才需啟動敏感機制**。也就是說，當你喜歡與不喜歡對方的比分到了五十一比四十九，哪怕只有〇．五分的差異，也會對這段感情有重大影響時，再追求細節也還來得及。然而，高敏感者往往無法領會此點。即使好感比例遠高於反感，仍會因細節而情緒起伏，投入過多精力於維繫關係。

嚴重時，彷彿會對關係產生依賴，如同關係成癮症。喜歡一個人並從中獲得力量無可厚非，但若過度依賴，則本末倒置。人際關係應是雙方互惠互利，而非束縛。應先愛己而後愛人，過度消耗精力於關係維繫，將影響日常生活。

將所有煩惱歸咎於人際關係固然有失偏頗，但為了解決難解的人際問題，而忽略其他煩惱亦非明智之舉。有些人將大部分精力耗費於思考親子關係或職場人際關係，這些問題往往涉及「如何改變他人」的困境。然而，改變他人向來不易，改變自身或許更具可行性。

因此，**明智之舉是放下執念，果斷捨棄無法改變之事，適當降低對人際關係的期待，便能釋放約五成的煩惱**。過度糾結於如何改善不喜歡的關係，或如何討他人歡心，只會徒增內耗，疲憊身心。在人際關係中，我們應牢記以下原則。

第一，我們必須認清，在十個與我們有交集的人中，必有一人對我們抱持負面態度。相對地，約有兩人會無條件支持我們，即使我們有所缺失，他們亦會包容。其餘七人則保持中立，或漠不關心。我們之所以煩惱，往往是期望所有人都能喜歡自己，而這幾乎是不可能的。若職場環境一片和諧，則可能代表組織結構存在問題，或眾人刻意迴避衝突，甚至可能代表公司缺乏競爭力。

我們或許會因一人厭惡而感到痛苦，畢竟負面情緒往往更為深刻持久。然而，我們可以轉換思維，只要對方不故意挑釁或刁難，便已足夠。**不如將精力投注於爭取那七位中立者的好感，即使僅能略微提升，亦屬有效策略**。

若過於追求他人喜愛，反而感到壓力，不妨設定最低標準，如「待人和善」。在能力範圍內，釋出善意即可。若勉強自己討好漠不關心者，則易身心俱疲。因此，只需在有餘裕時，提供力所能及的協助，如舉手之勞或開門之舉。切勿因此忽略那兩位始終支持自己的人。

第二，**當你受到一段關係脅迫，壓力很大、極度痛苦時，請記得問自己「難道他能危及我的性命？」**只要不要再見到對方就好，其實沒有嚴重到要死掉。確定好自己的底線後，也可以再劃出一條線，告訴自己「做到這裡就好」，達到維持交流關係的最低條件。即使對方難以相處，令人不適，若迫於現實必須維持聯繫，此法能有效保護自我，確保正常的社交生活。

第三，**若有人無故對你懷有敵意，儘管此想法或許略顯稚氣，不妨將其解讀爲「或許是出於羨慕」或「原來我如此優秀」**。如暢銷作家岸見一郎在《被討厭的勇氣》一書中所言，既畏懼被討厭，又勇於承擔被討厭的可能，這是一種勇氣。既然十分之一的人無論如何都不會喜歡我，那麼勇於承受這些負面情緒，便是擁有「被討厭的勇氣」。此觀點與阿德勒心理學相呼應：「若有人討厭我，則表示我做得不錯，引人羨慕。」抱持此種心態，隨著自我防禦機制的強化，便能減少在無解關係上耗費的能量，並將精力轉移至更重要的人生議題。

第四，**當你與對方關係友好，且對方本性善良時，經過反覆觀察，你會發現他們並不會做出令你反感或越界的行爲**。然而，當你對他人保持警惕時，對方也會本能地產生防禦心理，此反應反而會印證你的警戒，導致關係朝負面方向發展。因此，在缺乏確鑿證據的情況下，**不妨先假設對方是「良善之人，且與我關係友好」**，如此便能減少因恐懼而產生的不必要敏感與防禦，進而降低內耗。以下將介紹以此原則為基礎，如何以「我」為中心，建立與引導人際關係的四種方法。

首先，**對某人感到生氣時，不要馬上反擊，也不要表達憤怒，試著忍耐三秒吧**。三秒即使看似短暫，也已經足夠長到讓別人不易察覺。人在憤怒時的反應與煮麵的鍋子沸騰時的情況相似。煮麵的時候，鍋裡的水會在某個瞬間突然沸騰，瞬間會冒出大量泡泡。這時，若倒入一杯冷水，泡沫就會沉澱下來，反覆三次，麵條就能煮熟。憤怒與煮麵的道理相似，不能在鍋子大量冒泡時，因為害怕就馬上關火或放任泡沫與水溢出鍋子，生氣時也不能馬上就發洩出來，請深呼吸三次，就像倒冷水一樣。人際關係產生的情緒會特別強烈、特別辛辣、特別刺激，若想快速做出應對，反而會陷入情緒裡，被煩惱壓垮，這時，三次深呼吸便可以為內心騰出一些空間。

第二，**善於「拒絕」**。人際關係中最令人為難的就是「拒絕」，一旦推遲答覆或最後接受請託，這個問題就會占據工作記憶的一個空間，自己能靈活運用的內心空間就會相對減少，而暫且不提答應後的事，光是煩惱答應與否本身就相當耗費能量。

一旦下定決心拒絕，就馬上拒絕吧。如果只是拒絕對方一次，對方就與你斷絕關係，那也表示雙方的情誼其實沒什麼意義。此外，在確實拒絕他人的要求時，帶來的滿足也會讓人察覺到自己的價值，即使無法從他人身上得到什麼，但拒絕對我的不正當要求，這種抵抗看似消極卻能明確劃出自己的界線，確立自己對自由的定義。舉例而言，精神分析學者認為，一歲的孩子學會說「媽媽」後，接著學會的話即是「討厭」，這意味著孩子和媽媽在心理上也分離了，是孩子的「第二次誕生」。

而且提前拒絕也是為對方著想，因為對方並不一定覺得我是最適合的對象，只是覺得我答應請託的可能性最大。如果已經決定拒絕，卻又延遲幾天才跟對方說「我考慮後還是覺得沒辦法」，不僅是說出口的自己會有壓力，同時也剝奪對方可以找其他人幫忙的時間，明明只是拒絕請求卻反而覺得虧欠對方。不如直接了當拒絕他，讓他有更多時間去聯繫下一個人。

第三，**對人際關係變得敏感時，訂出自己與人交往的優先順序，也可以幫助減少煩惱**。之前有位大學生來找我諮詢，談到自己的朋友似乎都不怎麼喜歡他，他好像被排擠了。如何解決與朋友相處的問題成為他最大的煩惱，而我提出的建議是，希望他可以按事情的輕重緩急，重新思考行事的順序。

學校是供學生學習並取得學位的地方，應該先把精力集中在學業上。如果朋友不願團隊合作或妨礙上課，不利於自己學習就會成為問題。但如果只是覺得彼此不熟，那只是一時的不適而已，只是自己的個人猜測。前面也提過，在一般的人際交往中，十個人會有七個人對我漠不關心。因此在學校，讀書學習應該占七〇%，剩下的三〇%才會分配至交友等其他事項。職場同樣如此，在工作中與同事們建立良好關係應該看作「附加效益」，定好優先順序後，人際關係帶來不便與尷尬的比例將大幅減少。沒有解決的必要，自然也就沒有理由煩惱。

最後，**無需過度在意他人對你的評價**。唯有在面臨危機時，他人的評價方能顯現其真正價值。平時，人們往往傾向於說些客套話。然而，當你陷入困境時，他們才會基於助你脫困、伸出援手，或至少不落井下石的考量，以評價這種隱晦的方式，表達內心真實想法。此時，你才能真正了解自己在他人眼中的評價。名聲與評價，猶如一份保險。當你聽到「還不錯」的評價時，便已足夠。過度追求好評，耗費過多精力，實屬浪費。誠然，從長遠角度考量，聲譽管理不可或缺，但如同無需重複投保同一險種，只需投入適度精力維護即可。

秉持此種心態，便能大幅減少人際關係帶來的無謂煩惱，免於情緒波動。同時，亦能騰出足夠的空間，靜心思考人生大事。與其鑽研人際關係技巧，不如以自我為中心引導關係，確立人際關係的優先順序，方能建立健康關係，締造幸福生活。

制定一些絕不妥協的原則

試想下面描述的狀況：你第一次加入某個群體時，可能會想「這裡好像不太一樣」，周遭沒有認識的人所以很孤單，也可能會覺得自己不適合這個群體，容易感到憂鬱。做事習慣看他人眼色而畏手畏腳，覺得只剩自己孤單一人，會因為一件小事煩惱不已或反應敏感。進而本末倒置，比起自己要做的事，更在意群體的標準和自己價值觀的差距與衝突。群體不只影響了自己的思考，同時也因群體更加煩惱。出現這種狀況時，我們可以用什麼方式解決呢？

首先，**要先理解自己會感到疏離是正常現象，覺得疏離也表示自己已經有一定的價值觀**，慶幸的是這種疏離感並不會持續太久。我們大腦每天都會接收到群體的規則與標準，並將其與我們既有的價值觀互相比較，進而劃分出哪些要接受、哪些可以配合的、哪些不能配合，並在必要時稍微修正自身的價值觀。

經過一段時間後，等我們有意識地界定出自己能加入與不能加入的空間，或是身體已經不再排斥，或能主動避開自己不能配合的標準後，疏離感就會慢慢消失。大腦是一個重視效率，厭惡受傷的器官，我們在加入新群體後感受到的疏離就會成為煩惱源頭，所以當我們在思考自己該如何行動之前，務必牢記這個前提。

而當我們隸屬某個群體時，多數情況下較安全的做法是順應群體。依照群體的邏輯與規定行事，不僅可以減少自主思考消耗的能量，也不會因為個人觀念和群體標準之間發生衝突而被群體排擠。為努力達到群體的標準，不知不覺會改變自己的價值觀，與群體價值觀相同部分會高達八〇％以上。順應群體著實能夠減少人類最討厭和認為相當危險的現象發生，像是排擠、孤獨、死亡等。依據情勢不同，我們會下意識地選擇與自己價值觀不同的選項。

美國法官的政治傾向向來明顯，觀察其提名政黨即可略知一二。哈佛法學院學者凱斯・桑斯坦（Cass R. Sunstein）透過研究美國上訴法院的判決，分析法官的政治傾向與其判決標準的一致性。研究顯示，在上訴法院通常由三名法官組成的合議庭中，經過分析六千件判決案例，發現法官的判決往往受到自身政治傾向的影響，難以維持完全中立。

以環境議題為例，民主黨向來對此議題較為友善。民主黨提名的法官在審理環境議題的上訴案件時，對原告的支持率約為四三％。然而，若合議庭中兩名法官由共和黨提名，則原告的支持率會驟降至一〇％。由此可見，即使是受過專業訓練的法官，在群體中亦會受到從眾效應的影響。避免引發衝突的心理，以及追求判決結果一致性的考量，成為他們優先遵循的原則。[6]

此舉容易導致群體極化現象，群體觀點逐漸向特定方向傾斜，而身處其中的成員卻渾然不覺。此外，個人放棄自身信念亦可能成為引爆點。一旦個人選擇追隨群體趨勢，整體氛圍便會產生明顯轉變，使天平朝特定方向傾斜。

賓州大學的戴蒙．森托拉（Damon Centola）分析網路社群論壇的風向後發現，當支持某一觀點的群體比例超過二五％時，整體風向便會發生顯著變化。過去，人們普遍認為社群風向的轉變機制與民主制度相似，需過半數同意方能改變整體趨勢。然而，這項研究表明，即使新政策或規則與個人原有觀點相悖，只要獲得至少二五％的認同，人們的抗拒程度便會大幅降低。**從眾效應驅使我們追隨潮流，當周遭四分之一的人認同某觀點時，我們便會明顯感知並追隨此轉變。**[7]

從個人角度來看，順應群體有助於我們安然度日。當整體群體運作順暢時，努力遵循其價值觀與標準實為明智之舉。群體步調一致，不僅能減少衝突與矛盾，亦能避免瑣碎煩惱。然而，當群體與自身個性及價值觀存在顯著差異時，我們便難以真正融入。即使身心健全之人，亦難在不合適的組織中久待，五年乃至十年已是極限。身處其中，終有某刻，我們會開始反思根本價值觀，或透過組織經驗積累實力，尋求外部資源。

即使將順應群體置於優先，亦絕不能丟失自我。在遵守規範的同時，務必保留內心空間，堅守個人喜好，此乃建立與捍衛自身價值觀之核心。與群體正面衝突，個人力量終究難以匹敵。若因此粉碎自我，盲目融入，則將徹底迷失，難以尋回。

我們可以為了減少煩惱而選擇順應群體，但請不要忘記也要悄悄努力守護自己的觀點，往後即使群體分崩離析或被群體排斥時，才能獨立自主地生存下去。為此，**我們在日常生活中可以努力練習的方法即是「反向思考」**，養成一邊前進時本能地踩剎車的習慣，在突然出現群體極化現象時，就能預防自己為了減少煩惱，選擇一味順應而陷入險境的情況。

特別是當自己受到家人或宗教等群體的強烈壓迫時，想在承受這種壓力下堅持自己認為正確的選擇，那這個剎車就很有幫助。若自己常有想跳脫既有框架的煩惱，平時也要養成反向思考與反應的習慣。只有反問自己「為什麼我的第一印象是錯的？」、「為什麼和我意見相反的那一方是對的？」等問題，才能避免讓自己陷入群體朝著同一個方向前進時，會發生的「確認偏誤」。

最後，請務必記住，**群體的價值觀和前進方向不總是正確，為避免發生群體的確認偏誤，每位成員都應該要提出自己的意見**，而這並不容易，因為所有人都會互相影響，稍不注意可能會發生「群體愚行」，自己也會成為愚眾之一。單只聽別人的判斷會使自我的想法大幅減少，特別是聽到具影響力的人的意見時，自己的意見就會不知不覺傾向該方向。再者，比起個人的預測結果，集體的預測結果應該要更準確才值得我們信賴。但若個人選擇順應群體，而群體的整體風向又被影響力大的人所左右時，群體的價值觀與目標就可能朝奇怪的方向發展。在這種情況下，交換意見只會造成反效果，預測結果的準確度不僅不會提升，反而會導致群體的「確認偏誤」。

除此之外，還應警惕群體過度同質化的情形。**只有同一個信念、只朝著一個目標前進，不允許任何人有反對意見，這種群體並不健康**，只要受到一點外部的衝擊就會轟然倒塌。如果所有人都跟從群體觀點，以群體的標準為生活目標，致力於提高群體同質性，就會出現這種狀況。此時就算單打獨鬥，也要尋找方法擺脫該群體，或者一點點與群體保持距離。

這並不是要告訴大家如何解決與群體相處時產生的煩惱，而是想讓大家明白，**群體可能會影響我們，使我們無法客觀、理性和合理地思考煩惱，要確保自己有獨立思考的空間，就須客觀評估和思考群體對我們會有哪些影響**。

只要知道幾個大原則就足夠了。在選擇順應或抵抗時，無可避免會讓內心矛盾不已，但只要明白幾項原則並定好自己行動的優先順序，就能減少不必要的煩惱。當群體的選擇可能會使我們遭逢危險時，只要知道如何自保即可，培養自己的感知能力，讓自己及時覺察群體可能崩解的潛在危機，才能保持群體和自身之間健康互動。這是為了在群體中生存下去，為了保持理性思考而採取的必要策略。

時尚風格可以追隨流行趨勢，但如果是原則問題，比起群體觀點，應該首先考慮「個人價值觀」。依照自己的觀點確定行動順序，才不會因為順應群體而失去自我，進而減少煩惱。我的目的並非教導你如何在群體中求生，亦非指導你如何在群體中脫穎而出。我的目的是在群體與個體互動的前提下，協助你釐清哪些煩惱並非自身所應承受。當然，不加入群體亦是一種選擇。

若身處群體中，想提高個人的抵抗力時，最好追加幾個原則。例如：將自己的價值觀視為至高原則，絕不妥協，也不能為此猶豫不決。面對人生的重要選擇時，若能制定出幾項絕不妥協的原則，無論當你屬於哪個群體，都不需要委屈自己努力順應或感到自我矛盾。雖然人生會少一些彈性，卻也會增加自己在群體中的抗壓性。

定時檢查整體構圖

有一群強盜闖入銀行，用槍指著銀行職員威脅，在幾分鐘內就劫持保險箱逃走了。後來到達現場的警察詢問職員強盜的衣著相貌時，他們卻什麼都不記得，對強盜的瞳色、聲音、語調、手腕上有無刺青等完全沒有印象。唯一記得的只有槍口的形狀，卻不清楚槍的整體形狀。

在極度高壓的環境下，人們的注意力就會向一邊傾斜，使視野變窄，這種現象稱為「武器聚焦效應」。如果過度埋頭到一件事裡，很容易過分鑽研細枝末節，無法看清整體面貌，如同銀行職員僅能清晰記得槍口一樣。也就是說，人在高壓的環境下，會出現選擇性專注的情況。

思考就像挖土，思考得越深，土坑就會越深。而大腦的神經網絡就像水流，會沿著思路傳遞很多資訊。與此同時，神經的網絡也會擴大、變深，就像河水水量增加時，流速加快的同時，河床也會受到水流侵蝕而下降。問題是，河流速度加快時，河床受侵蝕的泥土也會堆積到河岸，即使我們能沿著河流快速移動，卻會因此看不清河岸風景與岸邊的人事物。

這是煩惱深化時會發生的事，這使我們僅能專注在槍口這類與整體資訊無關的細節上，削弱我們對外的感知能力。而只顧慮自己的煩惱，不僅無法顧全大局，也可能錯過更重要的事情或危險的警訊。因此如果感覺自己深陷其中無法自拔時，就應該暫時停下手邊的動作。

當你覺得自己不斷在煩惱裡原地打轉時，就需要使用縮小鍵，縮小畫面，暫時遠離自己的煩惱。假設你今天開車前往目的地時使用了導航，而導航要你在前方一百公尺處右轉，但你覺得直走才是對的，而導航畫面又只顯示到前方一兩百公尺處，不確定右轉後會發生什麼事。

這時，你可以暫時將車開到路邊，請坐在副駕的友人幫你縮小地圖。如此一來，你就會得知右轉後會上高速公路，這樣才能安心地開車。在半徑範圍幾百公尺的地圖上只能看到自己走的路線，但縮小地圖後，不僅能看到自己的路線，還能看到周圍的道路、連接道路和大型建築物等，鎖定這些指標後便能進一步確認自己身居何處。

因此越是重要的事情，越要在專注之餘檢視整體的構圖，才能知道現在進度如何、趨勢在哪，以及整體的輪廓，定時檢查整體架構，才不會在細節裡鑽牛角尖。

除了觀察趨勢，另一個重點是，不要在苦惱時再製造像螞蟻洞穴般更複雜的變量，並警惕自己不要深陷這些瑣碎煩惱中。要如何有效思考？在思考之前，我們可以盡量多蒐集相關資訊，分析資訊與煩惱的相關性後，建造出一個大致模型。但只要一有新資訊進入，這個模型就需要調整並加入新的條件，需要觀察的變數太多，會使思考過程變得更複雜。

而除了將時間拉長時，模型會變複雜之外，每出現一個特定數據時，整個模型也會受到影響，有時甚至需要重新建立一個新模型，隨著不同變數的增減，解決方案每次也都會有所不同。深度思考某件事，可能會得到精密而確切的答案，乍聽之下並無大礙，事實上只會使大腦超負荷運轉，得到的答案可能也模棱兩可。

當我們過度考量變數，習慣以模型化方式呈現時，易將錯誤答案誤認為最佳解，此現象稱為「過適」（overfitting）。這表示我們對非本質因素過度敏感，反而干擾整體判斷。**複雜的思考過程容易使我們合理化自身想法，誤以爲縝密的推敲更接近眞相，然而事實往往並非如此**。

因此，當思緒陷入複雜泥沼時，切勿自我安慰「我很努力」，而是應當及時止損，停止過度思考。遵循「奧坎剃刀原則」，即「簡化假設」，有時反而能得出最有效且正確的解答。當解決方案過於繁複，我們應當心生警惕。若需繁瑣理由方能解釋，則可能代表我們並未觸及問題核心。過於謹慎、考量過多變數，未必能帶來最佳結果，有時，簡潔明瞭的方案反而能產生意想不到的成效。

建立情緒的防波堤

假設把情緒比喻成尚未馴化的動物，我們的認知就是負責下指令給動物的馴獸師，遇到小型馬時還算容易控制，但若今天我們對上的是桀傲不遜的犀牛怎麼辦？而且萬一不小心讓犀牛受到驚嚇，牠開始四處亂跑該怎麼辦？在犀牛完全失控的狀態下，我們只能被犀牛帶著走。

當我們被不安或恐懼等原始而粗暴的感情帶走或壓制時，就會無法好好思考，可能會花費太多時間考慮，甚至做出荒謬的決定。而喜悅的情緒也會影響煩惱，我們處於興奮狀態下購物時很常過度消費，或在酒吧時興致高昂付清了大家的酒錢，卻在第二天收到刷卡明細時暗自流淚。

大腦的杏仁核是掌控情緒反應的關鍵區域。社會心理學家兼神經科學家馬修．李伯曼（Matthew Lieberman）教授及其研究團隊，在加州大學進行了一項實驗。他們利用功能性磁振造影（fMRI）技術，記錄受試者觀看不同表情的人像照片（哭泣、歡笑、驚訝）時的腦部活動。接著，他們讓受試者辨識這些照片中的情緒，再次進行 fMRI 掃描。結果顯示，當受試者辨識情緒時，杏仁核的活躍程度顯著降低。

這項實驗揭示，當我們直接感知情緒刺激時，杏仁核的反應迅猛而強烈。然而，當我們開始思考並辨識這些情緒時，杏仁核的活動便會趨於平穩。因此，我們可以得出結論：**透過有意識地覺察、審視並表達自身情緒，例如「我現在感到恐懼嗎？」或「我現在感到憤怒嗎？」，便能有效避免被情緒左右**。[8]

精神治療原理其實也與上述方法相似。有些人只要一感受到無以名狀的情緒時就會被壓垮，而精神治療的過程，即是幫助這些人區分與命名他們當下的感受。如果有人憤怒到想要摧毀一切，或是有人罪惡感強烈到覺得毫無價值時，他們會認為自己內心的憤怒和罪惡感，只有毀滅世界或毀滅自己才能終結。這些人反而難以表現自己的其他情緒，也無法感受到自己內心的情緒。

遇到這種情況時，更需要細分自己的情緒，一釐清自己的感受。例如昨天與朋友吵架了，當下感受到的情緒雖然是憤怒，但也有像傷自尊等其他感受參雜其中。雖然受傷的程度仍不及國中時被集體霸凌的三分之一，可感受卻也不會輕易消失。我們可以將這份感受命名為「在星巴克和賢珠見面時發生的事」，根據重量和顏色來區分。

偶爾我會想，如果情緒有開關多好，每當陷入苦惱時只要關掉開關就好，但這是不可能的。我們應該把情緒的發生與控制分開來看，當下會出現情緒是無可奈何的，但我們能透過專注調整和控制已出現的情緒，防止自己不被情緒巨浪所席捲。我將此方法稱為「建立情緒的防波堤」。

爲了提升思考專注力，我們需要在心靈的海岸構築一道防波堤，抵禦來自遠海的洶湧情緒，守護名爲「煩惱」的心靈家園。要達到此目標，必須學會掌控自身行為，接納並理解情緒運作模式。具體而言，我們需要覺察自身在何種情境下會產生何種情緒，有意識地接收這些情緒及其伴隨的想法。接著，如同使用過濾器般，透過自主意識將情緒與想法分離。讓情緒自然流經大腦，同時專注於過濾後的想法。

這聽起來或許艱澀，但只要持之以恆，便有機會成功分離部分想法。經歷事件產生情緒是人之常情，即使感到不適或痛苦，也應坦然接納。我們無法完美切割感性與理性，縱使無法精確衡量情緒的影響力，只要努力不被情緒左右即可。

透過反覆練習，我們將能更精準地識別自身情緒模式。如同擁有五十色蠟筆者能繪製出遠比八色蠟筆者更為豐富的畫作，當我們能細緻區分情緒時，便能減少情緒劇烈波動的情況，亦無需過度壓抑情感。告別「玉石俱焚」式的極端情緒反應，學會做出恰如其分的應對。此外，當我們越善於識別與細分自身情緒，便越能感知他人的情緒，從而以更從容溫和的態度應對。當我們的情緒容納度擴大，對方的容忍度亦會隨之提升，進而促進和諧的人際互動。

職業選手與業餘選手的決定性差異為何？我認為，除了實力穩定度與經驗的差異，最關鍵之處在於，職業選手不會因情緒波動而影響表現。若我因前日與妻子的爭執或對孩子的虧欠而情緒低落，進而影響諮詢品質，則難以稱為專業人士。諮商師們不斷學習理論、累積經驗、自我剖析與進修，正是為了在任何情境下都能保持情緒穩定。

處理煩惱亦是如此。當我們感覺即將被憂鬱或焦慮等情緒淹沒時，切勿試圖以情緒化的方式解決問題，特別是在負面情緒籠罩下，草率的決定往往會引發新的困擾。此時，不如暫時放下一切，避免做出任何決策。

只是觀望也無妨

在上下班尖峰時段等捷運時，洶湧的人潮總是水洩不通，怎麼樣也擠不進去車廂內。這時候該怎麼辦？以我為例，如果我不趕時間，就會多等幾班捷運，神奇的是，這幾班車一定會有幾節車廂相對較少人，如果能多等五到十分鐘，即便接下來進站的捷運車廂內可能還是沒座位，但至少能保有一定的呼吸空間。

煩惱亦是如此。當我們急於完成任務，卻發現自身處境艱難，如同擁擠不堪的捷運車廂，寸步難行。此時，若貿然向前推擠，不僅難以移動，甚至可能窒礙難行，最終錯失下車時機。思考與解決煩惱亦是同理。在時機尚未成熟之際，若因焦慮而倉促行動，勢必身陷困境。此時，不妨暫且觀望，靜待時機。

這種調整心態的方法名為「正念」（Mindfulness），此理論融合東方哲學與佛教思想，並以西方思維系統化。**當我們煩惱纏身，心緒如麻，焦慮不安時，正念提倡以抽離的視角，不帶任何偏見地觀察自身狀態，如同在月台觀察過往行人，即「保持距離」**。透過距離感，覺察自身思維模式，客觀審視當下的身心狀態。

掌握思考歷程後，模糊的意圖、情緒與態度將逐漸清晰。我們得以從壓力情境中抽離，獲得喘息空間，進而改善思辯過程。因此，面對類似情境，切勿驟然下判斷，應當接納並觀察。拋開對未來的憂慮與對過去的悔恨，專注於當下，保持距離觀察。此舉雖非易事，但若你正受煩惱困擾，卻難以釐清其根源，不妨暫停下來，運用正念覺察自身狀態。將情緒轉化為語言也有幫助，例如在思考過程中加入「原來我……」等句子。

舉例來說，當你感到心情鬱悶，瀕臨崩潰，卻不知從何解決，不由自主地喃喃自語：「好累、好煩、好想死。」不妨嘗試轉換說法：「原來我如此疲憊，原來是憂鬱導致我如此煩悶。」透過「措辭轉換」，能將問題具體化，並掌握其規模。如此一來，情緒便不會無限蔓延，退一步客觀審視，即使只是觀望，亦能感到心情舒暢，從而提升對煩惱的承受力。

正念即是覺知自身的情緒與感受，只觀望而不判斷其價值。當我們注視自己的處境時，也同時在注視著讓我們陷入處境的現實。重點在於不要看自己想看的，或是透過想像模擬狀況，而是注視著當下的狀況。

我雖然已經找到客觀看待煩惱的方法，但當有人問我：「如果是朋友問你如何解決煩惱呢？」這題則更容易作答，而且神奇的是，如果我們將煩惱認定為他人的煩惱，我們一樣能客觀看待問題。這是因為當我們談論他人的煩惱時，會擺脫情緒的束縛，往往會更加客觀、合理、平衡地思考。無論是哪一種方式，都能幫助我們客觀看待煩惱。

假設你今天要穿過一條河，但是水流太快，過去一定會被沖走，這時候該怎麼辦呢？因為狀況緊急，不如信一次自己的游泳實力？還是要放棄，去安全的樹林裡休息一陣子再來？我會建議你坐在河邊等待並注視著河川，先別衝動跳進去，也不該進到樹林裡閉眼休息，就靜靜觀察河面吧。等到浮木漂來、船隻出現，或水流減緩時，再渡河就好了。

當煩惱太多或太複雜，你已無法承受時，與其果斷放棄，不如將其當成一個客觀現實，抱持著「原來還有這種事」的心態持續觀望。觀望不會耗能，等到機會來臨時再行動即可。

29 階段❸ 決定：配合大腦的行動

在佛門虔念修行的禪僧，夏季和冬季時會連續幾個月不外出，在寺裡靜坐參禪。他們透過宗教心靈的修行，想參透世間的道理，但瑣碎的雜念總是會妨礙他們。禪僧們不會結婚，所以不用煩惱子女的教育問題、居住問題。他們不在一般公司上班，而是與世隔絕，基本上需要考慮的事情比一般人少。他們每天的工作就是參禪並學習相關知識，以勇猛精進的意志力屏蔽雜念。但即便已經努力至此，也很難完全屏除雜念，若連「專業人士」都這樣，對我們一般人來說要做到更是難上加難。

有些人因為腦中揮之不去的煩惱，導致很難維持日常生活，而前來找我諮商。我通常會建議他們遇到這種情況時，可以去打掃房間或在洗澡時邊活動身體，雖然只是緩兵之計，仍能暫時讓煩惱讓出位置，當我煩惱太多時也會使用這種方法。究竟為何活動身體會帶來幫助？我在偶然看到《動物王國》時得到了答案。

一群羚羊在熱帶草原上悠閒地吃草時，一隻獅子慢慢靠近，遠遠地看著羚羊群，而羚羊們察覺到獅子的存在後，因為緊張而聚集在一起。這時，攝影師捕捉到了一隻脫隊獨自低頭吃草的羚羊，獅子的眼睛直盯著牠不放，並擺好姿勢準備狩獵，與此同時羚羊群也開始拚命逃竄。而那隻吃著草的羚羊，這時才遲遲抬起頭，開始向另一個方向逃跑，但為時已晚。獅子追上了那隻羚羊，並咬住了牠的脖子。但我發現這場景有些怪異之處，獅子從遠處飛奔而來追捕目標獵物時，有另一隻羚羊被嚇到呆愣在原地。如果我是獅子，抓捕僵住的羚羊成功機率肯定更大。儘管如此，獅子還是跑過去抓原來的目標，獅子為何這麼做呢？

大腦有「探索」和「行動」兩種運作模式，但無法同時進行，會隨著投入資源的不同而轉換模式，在探索時集中探索，行動時集中於行動，這是提高大腦效率、提升任務成功可能性的有效方法。

當獅子在尋找應該捕食哪隻羚羊時，運用的是探索模式，一旦做出決定並開始向目標奔跑時，則會立即切換到行動模式，朝向那隻獵物全速前進。在行動模式下的獅子看不到僵在原地的羚羊，即使看到也不會去探索評估牠是否好捕獵。受驚的羚羊之所以能夠活下來，也是得益於大腦的這兩種模式轉換系統，在沒有先探索的情況下就立即進入行動模式，所以才會迷失方向而動彈不得。

當一個人的煩惱很多，意味著大腦大部分資源都集中在探索模式上，此時的探索模式彷彿是一首哼唱起來不唱到第三小節不能喊卡的嗨歌，無法隨意停止。要阻止正在流動的思路極度困難，我們能做的只有轉台，就像在新聞頻道看到你不想聽的政治議題時，可以轉台到音樂台或體育頻道。當令人困擾的問題搞得我們心煩意亂時，就想想幾個月後將到來的愉快假期吧，藉由尋找旅行目的地、美食、航班來分散煩惱。雖然大腦皆處於同樣的探索模式，但卻快樂許多，少了很多痛苦，而且我不僅能掌握這些煩惱，也能找到答案。

但探索模式很難完全關閉，必須快狠準地轉換大腦模式，越簡單越好。例如：「買完包包後去健身房跑個步吧」，這種想法會令我們在實行上猶豫不決。只有簡單、耗能少、必須做的事情有利於轉換大腦的運作模式。如果是在家裡，推薦打掃、洗衣服、洗碗、整理床鋪等；如果是在上班期間，泡杯咖啡、整理電腦文件、玩五分鐘喜歡的遊戲、暫時離開辦公室散個步或爬樓梯也很好。

其中，散步是可以同時讓大腦進行探索和行動的運動。輕鬆散個步可以放鬆緊湊、過度系統化的聯想活動，有助於發想創意或整理思緒。如果想關閉探索模式，就需要實施比散步更高階的動作。讓我們為了集中精神做那件事而關閉探索模式，該行動必須目標明確，且需付出很多努力，例如瑜伽。瑜珈動作需要集中精神，保持平衡和正確的姿勢，因此可以有效關閉陷入煩惱的大腦探索系統。

如果將大腦的探索模式改爲行動模式，探索模式自然會強制結束。心裡的雜念也會消失，重置大腦，讓大腦能專注在計畫和目標上，做好接下來的行動。這方法雖然簡單，卻很有效，事實上很多人也會下意識做這件事。

相反地，若將行動模式轉換成探索模式，所有的思緒都會混在一起，行動能力會明顯下降。想想職業鋼琴家演奏時的場面，雖然鋼琴上放著樂譜，但他們幾乎不會看。有腦波實驗研究證明，當人充分練習過一件事後，身體移動速度會比意識快一些。但如果開始懷疑「我現在演奏得對嗎？」原先開啟自動作業的流暢指尖動作，在懷疑的那刻起就會變得緊張猶豫。

行動因恐懼而踩剎車，杏仁核開始影響各個系統，使行動速度變慢，額葉就會一個一個確認原先自動運作的所有步驟。也就是說，當鋼琴家開始視譜並確認行動過程時，便打破了原先像流水般順暢的指尖動作，也妨礙了演奏與情緒的融合。

人在面對某些事情時，特別容易沉迷於探索模式，不易切換。以我的經驗來看，「初體驗」就是代表性的例子。人對沒有嘗試過的事煩惱特別多，會停留在探索階段，猶豫是否付諸行動。因為沒有做過，所以不知道該思考到什麼程度再做決定。我們通常會認為第一次嘗試，更應該制定完善的計畫後再行動，但這是錯誤的。若不知道該做什麼、做到什麼程度，要怎麼能制定百分之百完美的計畫呢？因此越是沒有經驗的事情，越需要儘快從探索模式轉向行動模式。

重點在於「維持低強度探索模式」，我們應該抱持著「先試一口味道就好，之後再回來品嘗」的態度進行探索，世界最強的美國海軍陸戰隊奉行「七〇規則」，意思是，就算事情沒有百分百的把握，只要有七〇%左右，就先執行再說。神奇的是，只要啟動一次行動模式後，之後轉換到探索模式時，思考事情也會順利許多。

我們在行動時，會先在前額葉上以探索模式判斷狀況，然後在負責調節肌肉運動的小腦上繪製運動軌跡並預演。之後，身體部位會依照領域，讓對應的運動皮層移動四肢。而最有效率的行動模式當然還是前額葉不介入，只讓小腦與運動皮層自動運作。

按照以上方式執行後，還需要進一步回到探索模式反省和重新調整。英國運動心理學家泰瑞・麥克莫里斯（Terry McMorris）在奇徹斯特大學做了幾項關於運動與認知能力關聯性的研究。研究顯示，當人在運動時折損身體到一定程度後，身體會出現自主運動的情況，這是因為當我們運動到一定程度後，掌管工作記憶的前額葉處於休息狀態，不再使用工作記憶規劃和準備運動順序，只剩下掌管運動行為的小腦及運動皮層網絡在活動。而跳過額葉這個控制塔台後，我們就能專注在運動上，實際運動的效率也會增加。

與此同時，前額葉也能夠好好休息，進行高強度運動半個小時後，工作記憶能力會比運動前更好。如此一來，制定下一個行動計畫和修正計畫的過程會變得更順利，並且能將計畫與行動串聯起來、整合後再執行。因此若想完全進入行動模式，試著做些高強度運動吧。透過運動關閉前額葉，強制結束探索模式，就能讓疲憊的大腦妥善休息。[9]

妨礙行動與探索模式互相轉換的最大敵人是悲觀。「不行吧」、「搞砸了怎麼辦？」、「出事了怎麼辦？」諸如此類的負面想法會阻礙行動。執行計畫當然不可能總是順利，但只探索而不行動也沒有任何意義。請不要忘記，我們行動的目標並非達到完美的成就，而是希望大腦處於探索模式時，無需面對堆積如山、錯綜複雜的苦惱。

我們探索並不是為了做出最佳行動，而是為了防止隨意轉換模式，毫無意義地進行探索。解決方式即是加一點樂觀態度即可，樂觀不是指沒來由覺得事情會順利的自信，而是「我會好好堅持下去解決問題」這種以我為中心的心態。只要保持樂觀心態，就能更不費力地轉換探索模式與行動模式。

當你百般苦惱，為了尋找解答而不斷迷惘徘徊，就表示答案並不在煩惱之中。這時，請果斷地將大腦轉換成行動模式，不要一開始就挑戰複雜難解的任務，先從簡單易行的行動做起。等到大腦重置完成，就可以重新開始行動。讀到這裡的各位，請暫時把書合上，大腦已經累積夠多的資訊，該起身行動了。

尋求最佳方案，不如避開最壞情況

房子租約快到期了，因為想搬到其他地方，正在物色其他房子。但搬家需要考慮的因素不止一兩個，通勤到公司需要多久、附近有沒有捷運站、孩子可以走路就到學校嗎、附近有沒有便利的大型超市、租的公寓會不會太舊、採光好不好、或是要不要乾脆趁這次機會貸款買房……需要考慮的事情太多了，真的會有符合我條件的房子嗎？

現實中，想做出最好的選擇需要符合很多要求。即使已經符合九〇％以上的條件，只要有一兩個條件不一致，我們就會猶豫不決，因為不知道還有沒有更好的選擇。如此一來，隨著時間逐漸流逝，就會漸感疲憊。搬家、結婚、離職等越大的事情，就會想盡辦法找出最佳選項，煩惱也會同時變多，讓自己越痛苦。但即使如此，也不能等找到最好的選項後再行動。

我們害怕後悔與失敗，總想選擇最好的選項，卻又不知道自己的選擇是不是最好的。為了要選擇最佳選項，總會絞盡腦汁，好不容易找到了一個，若在執行時發現與最初想像的完全不同，自己選擇的選項就此崩壞的失望感則非同小可。畢竟我們付出很大的努力去選擇最佳解，所以只要任一因素出現錯誤，完美的外衣將會全然倒塌，讓我們更加挫折。

與其如此，還不如偶爾不做決定。重新回想前面提及的大腦效率至上主義，大腦希望儘可能減少消耗能源。當沒有一定要改變做法時，就會沿用舊例，下意識覺得不需每次都尋找新的方法或人事物。

舉例來說，當你打算去度假，雖然前往沒去過的地方是個好選擇，但如果沒有特別想去的地方，再去一次之前去過的地方如何？再訪一次以前很滿意的旅館、美味的餐廳，若能發現以前沒見過的新事物就更好了。重點是不要被推陳出新的廣告所誘惑，將心態從可能會落後於趨勢的焦躁中解放出來，才是擺脫強迫性思考最佳選擇的有效方法。所以，**請不要從一開始就尋找最佳解答，比這更有效的思考方式是「排除最壞的情況」**，

首先刪去不符合需求的事物，會比努力尋找最好的方法簡單得多。

以此方式重新思考前述的搬家問題。將超過一小時的通勤時間、附近沒有捷運站、無法承擔的房貸金額等物件一一刪去後，選擇就會更加明確。選項可以依照優劣程度分為「最佳、次優、次差、最差」。不奢望完美無缺，只求能夠避免最差的選項，去掉前兩者後，剩下的選項就是次優和次差。既然如此，當然要選次優的選項更好。雖然符合常理，我們卻不能這樣做。

不管次差還是次優，既然避免了最壞的情況，不就算合格了？次差的選項雖然看起來更不利，但如果合乎心意，選擇次差的選項會更好。也就是說，假設租屋處雖然離公司很遠，但從房間往外一看就能看到公園，如果你很滿意這點的話，就租這間房吧。人在煩惱時，原則上應該排除情緒的影響，但這種情況是可以連同情感因素一同考量的，**當你對選項有好感，便可以選擇它**。

次差的選項既避免了最壞的情況，也沒有關鍵的失誤，因為是我們喜歡才選擇的，所以縱然選項有一兩個缺點，也能克服難關，完成行動的可能性也會上升。在達到一定目的後回頭看，反而可能說出「啊，我當時的決定是最好的決定」。當我們站在起跑線上時，無法得知哪一個選擇是最好的，也就是說，我們無法在第一次起跑時就給出絕佳的判斷，最佳判斷只有到達目的地後才能做到，那才是最準確的判斷。

但也有些人不太擅長面對這些情況，他們被稱為「最佳主義者」（maximizer），他們覺得好還有更好，希望自己的選擇和決定一定要是最傑出的，會因此感到疲憊，煩惱源源不絕，就算好不容易做出決定，看到結果時仍會後悔。對策越多，負擔就越大。

而「滿足主義者」（satisficer）個性與最佳主義者完全相反，他們認為只要選擇一次就足夠了，並不擔心之後會出現更好的選項。獲得諾貝爾獎的經濟學家海伯特·西蒙（Herbert Simon）將此稱為「滿足」，並建議人們在選擇時，考量到蒐集所有資訊後制定對策所需的時間、金錢、苦惱等因素，用「滿足策略」做選擇會更好。

世界上沒有百分之百的最佳主義者，當然也沒有百分之百的滿足主義者，每個人會有自己一定的選擇傾向。從個性上來看，如果某人比較偏最佳主義者，那他的選擇有六○%以上會與最佳主義者一樣。因此我們需要在生活的投資組合中調整選擇優先權。若最佳主義的傾向高達九○%以上，人就會陷入煩惱的泥沼裡，對於自己選擇的滿意度也會下降二○%到三○%。所以必須努力調整心態，才不會發生大問題。

「這樣就好。」我很喜歡這句話。這是滿足主義者在做出不太完美的選擇後，為了更加滿足而努力的態度。為了讓煩惱更有效率，我們也需要抱持這樣的態度。與其努力考一百分，不如定下一條分數線，像是抱持著「只要考七十分以上就過關」的心態，就不會這麼煩惱。這個道理就像沒有人會想努力在駕照筆試上拿一百分，同樣地，我們也不會期待隨便去一間飯捲店會吃到永生難忘的飯捲。

因此在大部分的選擇上，我們應該效法滿足主義者的心態，**面對日常生活中的大小煩惱時，設一條分數線，告訴自己「做到這樣就過關」。一旦過關後，就不要再去糾結，也不要去反思，更不要去打聽後續**。

每當腦中塞滿煩惱時，就請反覆提醒自己「做到這樣就好！」如此一來，我們便能更容易做出決定，滿足的可能性也越高。如果次差的選擇對大局帶來的影響微乎其微，又能避免最壞的情況，那麼抱持「這樣就好」的心態，不僅能幫助大腦騰出空間、保留能量，也可以提高生活的整體滿意度。世界萬物本來就難以捉摸，我們所能控制、預測的範圍也很有限，面對生活的種種不確定性，「這樣就好」的心態不可或缺。只有對自己寬容一些，才能避免陷入追求完美、做出最佳選擇的煩惱泥潭。

有些事不用馬上解決

想像你在海邊散步時，發現了遠處溺水的人，你急忙掏出手機和錢包、脫下鞋子，但你不會游泳。這時，最理想的答案是向周圍的人大聲請求幫助，並撥打電話報警。但在爭分奪秒的情況下，你只想盡快幫助落水的人，這是身為第一目擊者的責任，加上察覺周圍人看向你的視線，你莫名很有壓力，覺得無論如何都要先跳下水才行。

當眼前突然出現緊急情況時，比起合理有邏輯的考慮，人反而會感受到必須儘快做出決定的壓力，而這種壓力容易讓人產生錯覺，覺得眼前的情況「必須馬上解決」、「非常重要」、「正在發生」。但在付諸行動之前，應該暫時遠離這些壓力來源，先判斷自己面對的情況屬於哪一種，是需要立即解決的事情、重要的事情還是正在發生的事情。

此外，另一個重點則是我們須清楚「了解自己的能力」後再做決定。眼看事情就要發生了，但我的能力還遠遠不夠，此時莽撞行動，就會像游泳新手看到溺水者跳入水中一樣，結果失敗的可能性很高，而且也會讓自己陷入危險。目睹有人溺水之類的緊急事件在現實中並不多見，我們多數是內心著急，特別是有時間壓力時，會讓人無法好好思考，從而做出草率的決定。

越重大的決定，在做決定之前，越需要休息一段時間，避免因焦躁不安而導致視野變窄。荷蘭社會心理學家艾普・狄克思特修斯的研究小組以阿姆斯特丹大學的學生為實驗對象，讓他們閱讀了四部模型汽車的四點特性說明書，並讓他們思考四分鐘後選擇最理想的車款，而大部分學生都選擇了最優質的車。之後，研究小組將汽車特性說明增加到十二點，選擇最優質車款的比率降低到只剩二五％。接著，研究小組讓受試者閱讀完說明書後玩四分鐘的拼圖遊戲，幫助他們暫時甩開煩惱，而做出最佳選擇的比率則上升到了六〇％。

與之相反，在超市購買橡膠手套等生活用品時，考慮的時間越長，滿意度則會越高。因為在購買生活用品時只需考慮價格、品牌、品質等單純的因素就好，沒有太大的支出，即使失誤了也不會造成太大問題。因此在購買汽車、房子等需要支出大筆資金的事情時，在深入研究比較完各項因素後，需要短暫與煩惱保持一定距離，這樣反而有助於做出明智決定。[10]

對此，研究小組解釋：「給予一些空白時間，可以讓意識從特定一處解放，這樣反而可以蒐集和整合各種資訊，在自己的意識之外做出最好的判斷。」

等待的時間並不會白費，這也是統合想法的過程。美國神經科學家馬庫斯・賴希勒

（Marcus Raichle）將大腦的這種特性稱為「預設模式網絡」（default mode network）的作用。大腦在休息的時候也總是在運轉，透過內側前額葉、中央上部的頂葉、顳葉的活動與交換信號來解決問題。在進行有意識的工作時，需要讓原本不相連接的東西相互交換信號，做出最合適的決定。[11]因此投入知識和對話後，要有沉默、想像、發呆、暫時休息的區間，才能做出最好的選擇。

急迫時反而會覺得時間很漫長，越是著急，越是如此。這時如果再加上「恐懼」和「憤怒」等情緒，甚至會讓人感覺時間似乎停止了。而我無論再怎麼焦急，都無法對實際任何一秒的流逝造成影響，只會減緩或加快我心中的那個主觀時鐘。就像把大米洗淨後放入電鍋中，按下「白飯快煮」鍵，這時收到通知說需要十七分鐘才會好，就算再怎麼餓也要等十七分鐘，如果再加上負面情緒，就會覺得這十七分鐘過得太緩慢。

上班通勤時，如果捷運遲遲不來，導致你快要遲到，此時感到煩躁也是出於同樣的原因。電車依舊是照著時間表行駛，只有我心裡的錶面流逝緩慢，這是處於焦慮情緒下會產生的錯覺。一旦時間從我手中溜走，時間的長度就會隨著情緒變化而改變。

我們無法介入時間的流逝，但若為此而焦急，只會空消耗能量。時間越是以分鐘為單位、以秒為單位分割，我們大腦中經過的時間就越長。不如乾脆放大單位，以小時、半天或一天為單位，不，乾脆以一週為單位想想吧。這樣看待世界和時間的視野也會變得寬廣，也會覺得現在的時間短而單純，只有平息焦慮，才能真正空出時間好好思考。

特別是在自己情況不好時，與其急忙做出決定，不如放任模稜兩可的情況不管。我稱這種能力為「內功」。試著忍受自己的終結心理和焦慮心理吧，意外的是，有時隨著外部情況的改變，煩惱就會迎刃而解。

別去思考太久遠的未來

假設你每個月的收入在四萬五千元上下，但每個月需要繳納壽險、勞健保、國民年金等保費約三萬三千元，只剩下一萬兩千元左右的生活費，這在現實生活中絕對不可能發生。對未來過度不安，反而會危及現在的生活，財務專家的建議是在一般情況下，針對未來隨時可能發生的事件保險金，扣掉健康保險與國民年金，分配收入的七％到八％較為合適。而我們在煩惱未來時，應該也要運用同樣的道理吧？

越不安的人越會因為擔心未來而放棄現在的幸福。英國倫敦政經大學的揚－伊曼紐爾・德・妮芙（Jan Emmanuel De Neve）和華威商學院的安德魯・奧斯瓦爾德（Andrew Oswald），歷時十年追蹤了一萬五千名青少年，以「今天的滿足與幸福程度」為核心，調查他們當下感受到的正向情緒、自我滿足等細項後發現，幸福的程度與成年後的經濟收入關聯性最高。

原先我們認為的重要指標，如十多歲時的智力、教育水準、身體健康跟幸福與否沒有太大的相關。他們讓青少年以零到五分來表示自己現在的幸福程度，並發現若這些人在二十二歲給自己打的幸福分數越高，多一分，他們二十九歲賺的年薪平均就會多兩千美元。因為當下覺得幸福，就會更樂觀進取，對未來的擔憂較少，可以更加投入到現在的任務中，結果也獲得了更多的就業機會或晉升等職業成就。[12]

人工智慧在國際象棋領域取得對人類的勝利後，歷經數十年才掌握更為複雜的圍棋技藝。然而，從韓國圍棋棋士李世乭對弈AlphaGo，取得人類首勝亦是最終勝利，到中國棋士柯潔敗於AlphaGo之手，時間間隔不到一年。這意味著，過去我們認為遙不可及的未來，在瞬息之間已然降臨。

此現象凸顯出當今世代難以沿用舊有模式預測未來。不確定性日益攀升，個人難以精準預測五年或十年後的變化。因此，**試圖鉅細靡遺地考量所有變數，並藉由自身努力**

掌控未來，恐將徒勞無功。無論當下如何縝密預測，亦難以預知世界將如何演變。

若生活在環境變數穩定、變動性低的時代，進行長期預測確有其意義，此點在十九世紀末至二十世紀初尤為適用。然而，二十世紀中期後，世界進入工業化時代，一旦確立發展方向，便需持續推進約二十年。而在農耕或封建社會，階級流動性極低，生活模式高度固定，人們多按部就班，遵循既定規則。

十九世紀末至二十世紀中期的生活模式，為我們預測未來、應對變化、探討煩惱議題奠定了基本框架。然而，現今世界已截然不同，劇烈變動已成常態。當外部環境變動劇烈時，即便能夠預測遙遠的未來，其預測結果的價值亦與外部變動幅度成反比。

當跟時間相關的煩惱與焦慮交織，我們往往會將煩惱的時間軸無限延伸。若此舉源於對安全的考量，則應立即停止，告誡自己「過度思慮於事無補」。不妨以悲觀結果為假設起點，同時保持「事態終將好轉」的積極心態。

相較於以遙遠的未來成就或目標（如人生總結、臨終遺願）來評估人生，珍惜並反思當下的經驗更具價值。**活在當下，有助於我們縮短煩惱的時間軸，避免思緒漫遊至遙不可及之境**。

當思緒混亂時，專注於當日待辦事項，著重於評估當日的表現，回顧當日事件即可。

此非鼓勵得過且過，而是強調將每日的努力匯聚，建立自信。微小的成就亦能累積成堅實的防護，抵禦未知的挑戰。匿名戒酒互助會的口號「一天一天地度過」（One day at a time）正是此理。

隨著時間一天一天累積，就能達到戒酒一年、甚至戒酒十年的紀錄。而這並非是從一開始就做好要戒酒一年的心理準備後，才接著行動。對酒精成癮者來說，一天是艱難而漫長的時間，必須捱過很多難關。而煩惱也是如此，以全心全意活過今天為目標，就能縮短煩惱的時間線，往下煩惱的理由也會消失，請告訴自己，**只需從眼前的事情開始，一件一件地做下去就足夠了**。

思考事物的價值與意義

在考慮要不要選擇某個選項，或要不要做某件事時，我們很容易無意識去權衡一些細微的差異。但是越是執著於細枝末節，越看不到有助於選擇的決定性因素，反而會錯過真正重要的事情。但看似沒有差別的點，在事後看來，也可能是造成情勢不利、不公平、或讓我們感到委屈的原因。在躊躇不定時，應該反問自己一個原則問題，改變問題的觀點，問問自己：「這件事對我有什麼意義？」

在動身去做某件事之前，我們要先能說服自己，一旦說服自己，後續的事就很容易解決了。只要決定好方向，並按照那個方向確認剩下的細節就行，沒什麼可煩惱的。但是，如果當下情況連自己都說服不了就會很尷尬，當我們不知道自己為何要選擇該選項，從選擇到實踐的過程中就很容易不知所措或輕易放棄。一旦沒有指示方向的指南針，就會不斷撞牆，也找不到其他路，而「價值」和「意義」即是支撐起行動的重要角色，這裡提及的並非人生整體價值觀，而是我們必須去思考的問題。

在當今社會，我們應當明白，**單一價值觀已難以應對瞬息萬變的生活**。**靈活地依據情境調整時間、精力與金錢的分配，方為上策**。固守單一價值觀，反而潛藏風險。身處二十一世紀，不確定性已成常態，預先擬定周全且長遠的計畫，並嚴格執行十年，實屬不易。

韓國作家齊賢珠在其著作《下游遊牧民族的工作指南》中，羅列了當代青年常見的困惑，例如：「追求高薪，卻不願從事無意義的工作」、「渴望學習新知，卻畏懼高難度或可能失敗的挑戰」。[13] 這些看似矛盾的訴求，在我看來，卻是時代的必然。既追求物質富足，又渴求工作意義；既渴望在團體中全力以赴，獲得認同，又憂心失去自我；既追求成功，又迴避風險；既追求糊口，又期盼超越生存之上；既迷茫於職涯選擇，又苦惱於無法在熱愛領域嶄露頭角；既質疑工作的價值，又難以坦然面對自我。面對此情此景，我們或許應當重新審視眼前的煩惱，探究其價值與意義。

韓國哲學家姜尚中教授於其著作《保有自我的工作方法》中指出，在社會整體處於動盪不安的狀態下，任何看似穩定的事物，都難以完全迴避不確定性。他認為，相較於上一世代，現代人應當以更健康的心態應對工作，坦然接受不安與焦慮所帶來的能量消耗。換言之，我們應當接納適度的不確定性，並將其視為生活的趣味，而非僅僅是焦慮的根源。[14]

青年世代的矛盾心態，正是當今社會的真實寫照。我們無需強求建立堅不可摧的信念，在充滿不確定性的時代，渴望多元體驗的同時，又希冀規避風險，實屬人之常情。重要的是，我們應當明辨事理，依據情境與條件，審慎思考與判斷。透過每日的抉擇，逐步累積判斷與取捨，最終構築出「真實自我」。

「真實自我」並非憑空想像，而是透過實際選擇逐步建立。唯有當我們能闡明選擇背後的意義時，「真實自我」才能清晰顯現。因此，無需因最終選擇與預設選項不一致而自責。根據不同情境與原因做出不同抉擇，在當今世界實屬合理。

齊賢珠與作家金靜妍在 Podcast 節目《日常技術研究所》中，曾進行一場關於自由職業生涯的對談，令我印象深刻。他們將工作類型簡化為「高報酬但乏味」與「低報酬但有趣」兩種。透過此分類，即使是令人厭惡的工作，亦因其高報酬而具有價值；而低報酬的工作，則因其趣味性而值得嘗試。將選擇標準簡化為金錢與趣味，或金錢與意義，能有效縮短決策過程，減少煩惱。

我亦曾經歷類似情況。在撰寫書稿期間，我通常會婉拒雜誌或專欄的邀稿。我希望能將診療、授課、閱讀等必要活動之外的時間與精力，投注於寫作。然而，偶爾也會出現例外。例如：在與後輩聚餐時，一時興起支付了所有費用。隔日醒來，面對高額帳單，若恰巧收到稿件邀約，我便會優先考量稿費，而將寫作的意義與價值暫置一旁。然而，若隔日再次收到邀稿，我的優先順序則會恢復原狀。

我們依循自身價值觀生活，賦予不同事物不同意義。然而，不同事物的優先順序會隨情境變化而調整。若無法接受此點，執著於難解的宏大議題，而未能建立自身價值觀的指導原則，我們將不斷重複思考，或受困於瑣碎煩惱，陷入被動的狀態。

只有進一步思考事情的價值，才能談及希望。所謂希望，就是對未來的期待。如果說不安是否定未來的表現，那希望則是帶著正面肯定的期待向未來前進。而希望之所以重要，是因為它能成為我們的原動力，讓我們有動力克服煩惱過程中遇到的艱難問題。希望會成為引領我們前進的力量，明白指出下一步發展的方向，即使結果不如自己所期待，也無須為此自責。

所有的希望都是快樂的。與絕望不同，圍繞著希望思考與想像事情會令人心跳加速並感到愉快，而若是這個希望又帶有一定的意義和價值就再好不過。與其勉強做讓自己感到憂鬱、無聊、必須完成的事情，不如做些有趣、興奮、心動不已的事情，做一些自己一直想嘗試的事情吧。

可以的話，請以自己爲主，制定忠於自我的選擇標準吧，這不僅會成爲我們面對未來的原則，也是我們生活的動力。當大腦因各種負面情緒、不安和恐懼、複雜的工作處理而超載時，它會成為克服現實、渡過難關的力量。一件事情的價值和意義所帶來的希望，能夠讓人想到便覺得愉快，並支撐我們撐過痛苦的煩惱時期。

劃分欲望的界線

某天，我為了購買西裝和妻子一起去了百貨公司，那時正逢折扣優惠期間，便試穿了一套路過時相中的西裝。西裝輕巧合身讓我十分滿意，但是即使打了折，價格依舊很高，我為此猶豫不決。而妻子察覺到我想購買的心情後，就說了句「你也是時候買套像樣的衣服了」，頓時減輕了我的罪惡感。

煩惱的某些原因來自於「欲望」。而事物又分為自己想要與不想要的兩類，煩惱也就此誕生。想要有所作為、有所成就的強烈欲望是人類行動的基本動力。對我們來說，滿足吃飯的需求，可以讓我們確認自己還活著，進而產生安全感。但是滿足欲望相較於滿足生存需求後帶來的安心，更多了一些快樂和興奮感。而道德和罪惡感則會阻止我們追求欲望，超我越發達的人，就越會用罪惡感的角度看待自己的欲望。即便如此，我們仍然難以壓抑欲望本能，每時每刻都為此難受不已，陷入了煩惱的泥淖。

人本來就會有欲望，請接受這個事實。文化和文明的進步、科學技術的發展，還有我們之所以能向更好的方向成長和變化，都是因為「欲望」才可能達成，欲望就像油門，名為倫理道德和罪惡感的剎車只需要在超速時使用即可。韓國人比起油門更傾向踩緊剎車，縱然有欲望，但大眾普遍認為將欲望表現出來的人不太好。明明想要住更好的房子、穿更漂亮的衣服、想去沒去過的地方旅行、開更好的汽車，只是自然的欲望表現，但韓國文化卻會用「想得太美好了」的陳腐思想加以定罪。無條件認為欲望是「壞東西」，處罰和抑制欲望對解決欲望本身效果並不大。

只要不成為欲望的俘虜，危害他人生活，為了追求自己的利益做出破壞共同價值的事情就可以了。如果只追求單一欲望，名為罪惡感的剎車就會在不知不覺間漸漸失靈，因此要避開過度的單一執念，畢竟稍有不慎就可能釀成大禍。重要的是在心中劃出自己的倫理界限。只要在那條線內，就可以自由地追求欲望，表達欲望也不需要有罪惡感，當欲望到達這條線附近時，再來苦惱是否要越過這條線就好。而這題答案也很明確，就是不能越線，只要能堅守住這條底線就已經是很棒的人了。如果內心足夠堅定，就沒有必要猶豫是否要越過底線這種問題，事實上這也不是應該煩惱的問題。

實際上，我們一直都在追求普遍善良的共同體精神，與追求私人利益的自私欲望間的蹺蹺板上游移不定，而很多煩惱都是從這兩者之間的矛盾開始的。在我心中劃定的那條線，內側即是追求私人利益，卻不逾越善良的空間。

無法更積極地滿足欲望可能會帶來苦惱，這時應該要先區分需求和欲望，保障生存和安全的需求，很容易會與帶來快樂的欲望混在一起。在這種情況下，如果達不到欲望的標準，就會本能地感到恐懼，連原先的安全感也會消失殆盡。一旦出現這種狀況，煩惱就可能越來越大，使我們焦急不已，設法想立即解決煩惱，會開始無理取鬧，甚至過度投入心力、消耗過多能量。

這時，**請先檢查一下自己現在的基本需求是否得到滿足，將欲望當成加減乘除的「加法」符號**。不管有沒有欲望加分，也不會動搖原本的生活，縱然會留下遺憾，但即使沒有滿足欲望，人生也不會毀滅，更不會威脅到我們的生存條件，這樣想心裡便會舒坦許多。因此在陷入煩惱時，不妨先區分自己的煩惱屬於需求還是欲望，一步一步解決煩惱，就能減緩不安，也能更輕鬆、簡要地統整問題。

一旦決定就別再回頭看

總是回顧過去和思考太遠的未來都不太恰當，適當回顧自己所做的事情稱為反省，反省是為了避免重蹈覆轍的必要步驟，因此反省只有與改變行動一起發生時才有意義，光只有反省而不去實踐則毫無意義。而帶有負面情緒的反省即是後悔，後悔時心痛也會伴隨而來。

後悔的英文「regret」、「remorse」都有「再次」的意思。就像韓國電影《薄荷糖》的主角大喊「我要回去！」一樣，後悔並且想回到最初的時間點重新決定事情，這種想法與情緒並不實際。即使反省是必要的，過度反省導致後悔不已並不適當，而對我們來說，後悔的反應總是做得比反省來得多。

一旦陷入後悔就很難脫身，總覺得似乎都是自己的問題，沒有一件事做得好，認為自己犯的錯誤都是致命且無法彌補的缺陷，還有情勢似乎總對我不利。自顧自以這種方式評估情況後，大腦自然會將其合理化並做出以下判斷：「啊，我真的好沒用，連判斷情勢都做不好，這狀況對我又這麼不利，真的好傷自尊。」看似進入反省模式，實際上則是戴上後悔濾鏡，陷入後悔的泥潭而煩惱不已，在煩惱的無限迴圈中無法脫身。

這時我們該怎麼辦？畢竟不能因為想找出原因就斷尾求生，中斷現在做的事情。很多人會覺得，只要不斷思考找出後悔的源頭，就能解決問題，但這只是錯覺。如果不貼近現實反省並改變行動模式，要解決問題難上加難。我建議大家，若是做完決定後才發現致命問題，或是沒有人指出問題，就養成「不重新思考」的習慣吧。不相信自己的人，越是努力決定，越會猶豫不決，反覆思考自己的決定，別這麼做，請時時告訴自己「我的決定是正確的」。實際上，我們相信自己決定的傾向並不合理。在賽馬場上賭錢的人比不賭錢的人更相信自己選擇的馬會獲勝。[15] 另外，接受輿論採訪的人在參與之前，回答自己會被選上接受採訪的人比真正接受採訪的機率更大。[16]

如上所述，提前做出決定後，就請相信自己的決定是對的，希望決定的結果能順利。而驗證自己的決定是正確的也是提高自尊的好機會，人們一旦做出決定必定會猶豫不決，並總回顧自己的決定，在兩種奇怪的情緒下游移不定，一方面猶豫不決，一方面又相信自己的決定正確，兩邊的拉力都很強，究竟哪個方向是對的？

我建議你先做決定，然後再列舉自己決定的優點有哪些，在後悔自己的選擇之前，只有這樣做，才能減少選擇和猶豫之間的不協調感。與其睜大雙眼尋找可能不存在的缺點，努力找出優點，至少在感到後悔前，我會先喜歡上自己做的決定，進而滿意自己的決定。

哈佛大學的教授丹尼爾・吉爾伯特（Daniel Gilbert）和珍妮・亞伯特（Jane Ebert）進行過一項十分有趣的實驗。他們請受試攝影師們拍了十二張照片，然後讓攝影師們洗出其中最滿意的兩張，並把兩張洗出來的照片帶回家，把十張沒有洗出來的照片連同膠捲一起放在研究室。他們將攝影師分成兩組，對其中一組說「若是改變主意隨時可以過來洗另外兩張」，對另一組說「決定後就不能再改」，之後再問這組攝影師「如果提供換照片的機會，會不會改變自己的決定」時，該組攝影師幾乎都回答「不會」。

做完實驗後，他們再次詢問兩組攝影師問題，發現不能改變決定的攝影師對自己所選兩張照片的熱愛程度，比可以改變決定的攝影師要高得多。從實驗結果來看，**在無法反悔的情況下，我們對自己選擇的滿意度和熱愛程度更高**，也就是說，一旦做出選擇後，相信這是最終決定，強制要求自己更喜愛該決定，並且想發掘更多該決定的優點，最終會提高對該決定的滿意度。最重要的是，我們會大幅減少後悔和猶豫的煩惱次數與時間。[17]

減少後悔後，就可能對生活更滿意，在做決定之前考量的因素也會減少很多。再者，越相信自己的決定，越能看到優點，就能減少自己感到失望的次數，煩惱的理由自然也會減少。以大腦效能的角度重新思考問題吧，少後悔，就能更專注於當下做的選擇，花費在回顧與驗證上的精力也會比以前少。可以從各個層面上節約能量，在煩惱上消耗能量越少的選擇，行動也更有效率。漸漸地，我們便能在選擇時不去想太多，做決定時更隨興一些，減少選擇帶來的心理負擔。

心懷忐忑時做出的選擇比起無心之下的選擇，在決定正確時感受到的刺激與喜悅較少，相較之下，無心的選擇所帶來的舒適感反而會主導我們的心境。再來，節省下來的能量就不用花在再次選擇或猶豫上，只要帶著自己的決定適應環境並運用即可。如此一來，我們對決定的滿意度自然會上升，而創造這種良性循環的重要第一步，就是要減少帶著情緒不斷尋找原因的後悔行為。

專家是指在自己的專長領域內犯過所有錯誤的人，意即專家不是經常後悔的人，而是藉由反省失敗而成長的人。區分反省和後悔，時刻反省並減少後悔是成為專家最重要的祕訣，也是能花費較少能量在煩惱上的最佳戰略。

30 階段❹實踐：決定與責任全在於自己

開始思考某件事後，充分聽取別人的建議，或仔細觀察團體的走向和趨勢皆很重要，因為我們無法擺脫他人帶來的影響和群體壓力。此外，為了適應和配合群體，我們總會放下自己手邊的工作，這不一定是壞事。而越是重要的決定，越想依靠可靠的人，但是就算他人再值得信賴，也不會對這個決定負責，最終我們也只能靠自己做出選擇。一旦下定決心說出「這是我做的決定」，就會發生驚人的變化。

英國神經心理學家班緹娜．史坦德（Bettina Studer）在劍橋大學進行了一項實驗，他首先將四十名二十多歲的健康參與者分成兩組，讓他們玩俄羅斯輪盤遊戲。其中一組可以直接選擇要下注的號碼，而另一組則需要在電腦規定的號碼上下注。研究人員會在他們贏得或輸掉這場賭博遊戲時，拍攝磁振造影，觀測大腦的活動變化。觀察後發現，在贏得遊戲時，能主動下注的群體其大腦的獎勵機制會更為活躍，會更加敏銳分析獲勝的可能性。此外，這群人在情緒的投入下，行動的變化性會更高，記憶力也會提升。從這個實驗可以看出當我們自主決定事情時，執行力、獲得補償的喜悅、成就感與記憶力都會提高。[18]

但是來找我諮商的人，很多人都會這樣為自己辯解：「我知道啊，我也希望我能自己做決定，但我對這些事情都一知半解啊。」

每當這時，我都會這樣對他們說：「要相信自己啊，如果連你都不相信你自己了，還有誰會相信你呢？這同時也是我想對那些希望有人喜歡自己，卻因沒有人喜歡而感到沮喪的人說的話。我們應該先信任自己、喜歡自己。」

這即是自尊的萌芽時期。為了提高自尊心來到診間求助的人，以及每次做決定時都感到疲憊的人，我在診斷的同時也會建議他們「先相信你自己再做決定」。再瑣碎的事情，也可以從自己的決定中得到成就感，只要該決定是正確的，自尊感就會加上一分。此外，還有兩個支撐自尊的概念，即自我效能和自尊心，自我效能指的是「相信自己能夠達成某個特定情況下所要求的行動或目標」；而自尊心則是「透過比較他者來判斷自己的價值」。

透過與別人比較，掌握整體水準後，就能確認自我效能並制定具體目標，進而建立起自尊。實際行動後，目標和結果越相似，就會強化自尊與自我效能，並讓我們更相信自己。到了這階段，我們甚至可能出現享受煩惱的荒謬情況，此時的我們，比起將煩惱想成妨礙平靜生活的障礙物，更傾向將煩惱定義為成長的挑戰與新鮮的刺激。相反地，若自我效能越低，就越不相信自己，傾向將面臨的課題看成一大難題，也容易把重點放在失敗時發生的事情上，做任何決定都抱持著防備心。

我每次在觀看國手的足球賽轉播時都很猶豫，只要我為了看比賽打開電視，就算比賽已經開始，贏的比賽也一定會輸。職棒賽事也不例外，如果那天有早點回家，我就會努力看直播支持我喜歡的球隊。當我已經事先知道自己喜歡的隊伍領先，鬆一口氣打開電視後，當天就會以對手大逆轉告終。難道我喜歡的球隊只有我不看比賽時才能獲勝嗎？我的小小決定真的對我支持的隊伍勝敗有所影響嗎？

會有這種奇思妙想的恐怕不止我一個人。當自己決定的事情結果不順遂時，肯定也會錯誤放大自己的妄想。相信大家一定也有類似經驗，在學校考試時明明一開始選的答案就是對的，卻在深思熟慮後改掉答案的痛苦記憶。

實際上也有人認真研究過這個問題，美國伊利諾大學的賈斯汀．克魯格（Justin Kruger）和史丹佛大學的戴爾．米勒（Dale Miiler）曾向學生詢問過這問題，美國大學生也不例外，有五五%的學生相信改掉最初的答案會答錯，只有一六%的學生覺得改掉答案可以提高成績。而分析他們的考卷後發現，學生修改答案後，無論是從錯誤答案改成正確答案，或從正確答案改錯的比率其實相差無幾，皆在五〇%上下，但學生們只記得修改正確答案後回答錯誤的經驗。[19]

答錯的記憶令人刻骨銘心、印象深刻，加上「如果當時我堅持原本答案」這種懊悔情緒會讓記憶變成長期記憶。討厭疼痛、對受傷極度敏感的大腦，會因為失敗帶來的痛苦記憶，產生「一觀看自己支持隊伍的重要比賽就會輸」、「改答案會更容易答錯」等想法。有必要就應該修改，就算觀賽，看到支持隊反敗為勝的次數也很多，但這些記憶都很容易就被遺忘。

「做得好，就照你決定的去做吧。」

我們希望聽到這類話語，如此一來才能放心，極度想在關係中得到驗證和認可。但希望你能銘記，最終做決定的人仍是自己，這並非大家的決定，而是我自己的決定。做決定是一件孤獨而寂寞的事，雖然大家共同決定一件事也很好，既溫暖快樂，又能凝聚向心力，但也容易因為誰都不想負責任而一起沉沒。**我們必須承認與接受，在生活中面對選擇，只能獨自承受決定的孤獨，做出越重大的決定之前，越需要盡可能聽取更多人**

的意見、蒐集更多情報，然而，最終仍必須由「我」做出決定，並對自己的決定抱持信心。

兒科醫生兼精神分析家唐納德．溫尼科特（Donald Winnicott）表示：「正常人可以回憶起自己小時候從雙親那裡得到的照顧，進而消除孤獨和不安，獨處能力基本上就是一個悖論。」擁有與雙親相處美好記憶的人，在有壓力的情況下，主動且獨自做決定時，越不費力，也更能承受孤獨的壓力。優秀的父母不會要求成年子女堅持到最後一刻、找到最佳解答，他們給子女的禮物是小時候良好的照顧記憶，這份禮物會成為強大心靈的基石，就算之後在上面蓋高樓，子女也能堅定不移向上爬。

當下判斷自己是否需要他人幫助，也是自己要做的決定。只有相信自己的決定、相信自己時，煩惱才會完全歸屬於自己，反而會輕鬆不少，讓我們願意再堅持久一些。

把「意志力薄弱」當成耳邊風

當你陷入煩惱，找不到答案時，如果與父母或前輩討論，絕對會聽到以下言論：「一定是你不夠努力，意志要堅強一點，去突破自己的極限啊。只要努力，總有一天會實現目標。」「無論如何你都辛苦了！」「你是最棒的，你做任何事情我都會支持你。加油！」這些話雖然能起到安慰作用，卻對人生沒有實質性的幫助。

當然，「意志力」非常重要，但仍有些事情光靠意志也難以完成，就算意志再堅強也無法跑贏汽車，運算速度也無法贏過電腦。《論語》、《孟子》等經典盛行的時代，機器還沒有被發明，那時出版的書主打意志萬能論，當時賢人幾乎都認為「有志者事竟成」，只要堅持努力四十年左右，就可以移動泰山。

然而，現在與以往大不相同，能量分配很重要，有確實有效的方法就要馬上應用。**比起堅定意志，朝哪個方向前進和意志能持續多久更爲重要**。雖然意志可以強化，最終卻還是會跟能量一樣消耗殆盡。從某層面上來看，意志是一種高級的綜合能力，除了維持專注狀態的能力外，亦需要擁有暫時強化自律神經系統，使其分泌腎上腺素的能力、不被外部刺激所動搖，堅持自己心之所向的能力。這些能力每一個在現實生活中皆得來不易。

若不斷煩惱，偶爾也會陷入瓶頸，此時的意志力便扮演著重要角色。有時需要我們加把勁推動事情的進程，但比起推進，多數時候我們更需要停留在原地的意志力。

人因為慣性往前走時，明明是撞到牆壁才停下來，卻會被說「意志不夠堅強」，並鞭策他繼續前進。然而在現代社會，已經有越來越多的人認為這是不對的，撞牆時，也要先確認牆壁是否值得越過，再思考是要乾脆折返回去，還是轉身尋找其他道路。但是有些人並不想這樣做，只會不斷重複「意志薄弱」的口頭禪。而這個現象則來自於社會文化的罪惡意識，當我們撞牆時，首先會想到的是「名聲問題」，別人看到會如何評價我，和由此引發的「自尊心創傷」。我們需要先鼓起勇氣放棄這些，**比起鼓起勇氣前進，果斷拋棄評價的勇氣更爲重要**。

曾參與多部人氣影視作品的韓國知名製片元東淵，他對「拋棄的勇氣」則深有感觸。雖然已經成功拍攝了多部電影，但之前失敗的電影作品也不在少數，在企劃階段就告吹的情況也很多。平均每提出五部企劃，可以到達製作階段的只有其中一部，但有時候會受限於劇本、選角、工作人員等因素，突然在中途就腰斬。就算耗費好幾年時間、燒了數百億製作費、負擔了數百人的生計製作出的作品，在盲目推進下也不一定能取得成功，反而可能造成更大的損失。

在歷經多次失敗後，元東淵決定不再相信自己的意志力，以失敗經驗為借鏡，果斷且勇敢地放棄某些選項，才能取得現在的成功。總括而言，用意志去推進行動其實非常危險，特別是當自己在組織的地位提高後，自己的決定會對很多人產生影響，就應該更重視一件事——「是否該相信意志力」。

過往人生遇到大難關時，有些人會依靠意志堅持下去，並在最終成功，這種寶貴的成功經驗是人生的一大財富，但其實運氣和他人的幫助肯定也在實踐過程中發揮了效用，然而越是成功的人，越傾向將成功歸功於「我的堅強意志」。也因此他們會覺得日常生活中發生的矛盾和煩惱是微不足道的小事，只要意志足夠堅強，就沒有做不到的事情。這種人容易低估他人的努力，並對他們說「那是因為你的意志力太薄弱」。事實上，他們經常忽視相當重要的日常煩惱，或對其置之不理，覺得「只要我願意站出來，就可以一次解決一切問題」而往後推遲決定，或只是大致決定走向，這種態度反而會成為最大的敗筆。

一旦將遇到的牆壁定為難關，就應該把「意志力」因素排除在外，唯有這樣才能做出合乎現實的判斷。做出判斷後，不妨就退一步保持一定距離觀察問題，這樣才能看到問題或狀況的全貌，進而減少糾結情緒和焦慮。最後，在做出決定前一天，充分考慮周圍因素、情報後，至少有半天都不要再想它，留給大腦運作的空間。於是，經過大腦努力運算後，第二天早上透過意志表現出的答案，那便是正確答案。

如果這時腦中浮現「再多做一下吧」的想法時，就可以繼續堅持下去。這無關意志薄不薄弱，而是我們的大腦判斷周圍的條件值得自己一試，而且內心的能量和資源也足夠充裕，只要實踐就可以了。若這時腦中浮現「現在停止吧。從這裡撤退對嗎？」的類似想法時，雖然傷自尊心，又很難收拾殘局，但最終這仍有可能是正確的方向。

雖然當下會很痛苦，就讓我們試著相信那瞬間的決定吧。縱然隨著時間流逝，可能會留戀不已，覺得「早知道就再試一次」，但是更強烈的一定會是「幸好我沒做」的暢快心情。

第 5 章

煩惱無法根除，但你可以……

31 ─ 分配用力與不用力的時機

我們每天都站在不斷思考的階梯前，做出各種判斷、決策和行動，走上階梯後，有的選擇會引導我們走向成功，有的選擇也會以令人心痛的失敗告終。生在這個時代，需要個人獨自思考的事情大幅增加，而且也要獨自承擔選擇的後果。煩惱原本會像熱身運動般，在我們做出好的決定、執行決定之前出現，但現在處於最初階段的苦惱總量卻大幅增加，導致我們沒有餘力進到後兩個階段，甚至在進入實行階段前就已感到疲憊。

到目前為止，這本書已經介紹許多情緒與認知因素，並讓各位了解到自己身處被煩惱包圍的世界，有哪些因素會讓煩惱變得更複雜，或讓我們感到痛苦不堪。且為了讓我們專注在真正的煩惱上，不至於一腳踩進煩惱的泥沼中，我們也分析並制定了幾項迴避無意義煩惱的戰略。

知道與實踐雖是兩回事，但在全然不知的情況下繼續苦惱和了解問題後努力改變，兩者則有所差別。想像灰姑娘搖身一變成公主，馬上做出改變實在過於理想化，抱持著「總有一天終究會改」的心態才是較實際的處理方式。我們很難在一瞬間就搖身一變成為全然不同的人。但是，如果一點點改變自我，即使每次只有十度也好，只要循序漸進，總有一天我們也能有三百六十度的變化。我雖然還是我，但會升級一個層次，如此才能持久不衰。

在精神治療領域，有一個概念稱為「修通」（working through）。治療師與個案在諮商過程中，逐步深入探討潛意識，釐清心理癥結。個案可能會在某個瞬間，對長期潛藏於內心的困擾產生深刻的頓悟。然而，離開諮商室後，頓悟的效應卻可能逐漸消退，難以付諸實踐。

此時，「修通」便扮演著關鍵角色。它是一種持續的自我訓練，透過反覆解釋與內化頓悟，將其轉化為實際行動。修通的過程並非一蹴可幾，需要我們在生活中不斷練習，如同將一塊璞玉雕琢成精美的藝術品。

具體而言，當我們在諮商過程中獲得啟發，應當在諮商室之外，持續思考並解釋這些頓悟，將其融入日常生活。每一次遇到類似情境，都應重複練習，直至新的思維模式內化為自身的價值觀。如同學習任何新技能，改變並非一朝一夕。透過反覆練習，我們才能將治療師的建議轉化為自身的信念，最終實現真正的改變。

而要達成這種變化，僅靠第四章所介紹的作戰策略似乎略顯不足，因此這章會以更寬廣的視野，介紹我們能以何種心態應對煩惱。處於不同情況時，有效管理大腦和內心固然重要，但在更廣闊的光譜中，看待生活的方式同樣也很重要，面對煩惱的負面態度經過修通後一定會有所轉變，而我們也能透過修通將轉變後的心態加以內化。

韓國某間大企業的CEO曾因壓力過大失眠而前來就診：「醫生，我的周圍充滿要求我做事的人，我只要睜開眼睛就要決定一百件事情。躺在床上時也會想明天早上要依序完成哪些事情，我睡不著覺，想把這些包袱都扔掉。我昨天看報紙上有環遊世界的報導。如果我和妻子一起乘坐郵輪去旅行一年左右，失眠就會馬上好起來吧？」

我對那篇報導也很印象深刻，看著報導就想起自己小時候喜歡看的美國電視劇《愛之船》，也想把這列入死前的遺願清單裡。那位來諮詢的患者能輕鬆負擔超過一億韓元的費用，如果他想，真的可以說走就走，但他漏掉了一個重點。

「郵輪旅行？當然可以啊，我也看了那篇報導，感覺真的不錯。但請試想一下，您和妻子兩位要睡在同一個艙上，應該會很窄。要想省錢的話，也可以選擇沒有窗戶的房間。整天都要待在船上，用英語互相交流，晚上穿西裝，在定好的桌子上一起吃。就算悶得想透透氣，也只能花十分鐘在甲板上轉一圈。怎麼樣？」

他聽完我的話後想像了一下，便低頭嘆了口氣：「唉……」

「是啊，到哪都一樣。就算去到別的地方，那裡也應該會有其他壓力吧？煩惱也一樣，搭上郵輪後，雖然做為CEO的責任可能會減少，但一個人的煩惱並不會消失。」

是的，無論走到哪煩惱都不會消失。希望生活在沒有壓力的地方，就像生在無菌室一樣，以後只要輕微感冒，就會生死未卜。而希望沒有煩惱的世界，就與想把大腦的免疫力變為零的無菌室想法相似。雖然看起來很好，但就像不用的肌肉會退化一樣，如果不常煩惱，處理煩惱的能力就會生鏽、變弱。另外，即使避開給我帶來很多煩惱的地方，苦惱仍然還會存在。在適應新環境時會產生煩惱，即使逐漸上手原先陌生的工具，之後也會依使用狀況變化產生新的煩惱。苦惱就像地球引力一樣，我們必須接受面對，雖然意識不到，但它們卻時刻存在。

既然都需要煩惱，最好煩惱得更好、更有效率。也就是說，**不要把所有的煩惱都當作「賭上人生的重要煩惱」，只需要把它們看成「需要斟酌、思考和細細煩惱的事情」**即可。

事實上，單從煩惱的種類來看，有九〇％以上的事都是小事，只有劃分好哪些時候該用力，哪些時候要放鬆，才能不被不必要的苦惱淹沒，集中精力思考問題。不被瑣碎的事情或焦慮動搖心情，將內心的錨牢牢固定好後，才能在煩惱後做出滿意的決定，並賦予自己決心和動機去行動。這樣一來，疲憊的人生才會稍微輕鬆一些，原先被煩惱占據的位置，在煩惱清空後才能填入其他事情，生活會更加豐富。

32 抱持無憂無慮的心態

我偶爾會瀏覽讀者在新書分享會或講座後發表的感想，這種行為，我稱之為「自我搜尋」。儘管有些羞赧，但我確實偶爾會這麼做。

某次瀏覽讀者心得時，我注意到一段對話。在演講後的問答環節，一位聽眾詢問我：「您最近有什麼煩惱嗎？」我回答：「我最近沒有煩惱。」

坦白說，我已記不清當時的具體對話。但依據我的思考脈絡推斷，我當時應是認為，不宜在初次見面的場合，對著一群陌生人，公開談論個人煩惱。或許我應該委婉地回答「沒有特別的困擾」，然而，一位傾聽他人煩惱並提供建議的人，卻宣稱自己毫無煩惱，聽眾難免會感到失望。

但同時，我也不禁思考：「**難道唯有身陷煩惱之中，才能算作認真生活嗎？**」這是一個根本的問題。正如前文所述，煩惱如影隨形，無法徹底擺脫。人生即是一連串煩惱的交織，從日常瑣事到人生抉擇，無一倖免。

每個人都有各自的煩惱，無人能置身事外。甚至可以說，毫無煩惱本身，或許就是一種煩惱。然而，我們不能總是背負所有的煩惱。因此當聽眾提問時，我之所以回答「沒有煩惱」，實際上是想表達：「一切安好，並無特別的煩憂，我心懷感激。」

如果為了解決眼前某個大問題的強迫性焦慮，被合理化成「極度煩惱」，那我寧願說自己「沒有煩惱」。再者，我並不會因為太過煩惱導致什麼都做不了，停滯在現階段，而是會一一解決現實中小而具體的問題，這些問題甚至稱不上是煩惱，就這樣一步步走出自己的路。因此我才會認為自己「沒有什麼煩惱」。

我希望平時能少煩惱一點，不要被大話牽著鼻子走，踏實地走自己的路。只有如此，在遇到需要深思熟慮的情況時，才能確保自己有充裕的能量和心靈空間，在事發突然或受現實壓迫的情況下也才不會過度驚慌，大方接受事實，這才是明智的態度。

比起「時刻與煩惱戰鬥」的態度，抱持著悠然自得、安貧樂道、不要過度操心的心態，能夠節省更多能量。我們承認煩惱的存在，同時也希望自己可以謙虛地說「沒有煩惱地生活」、「沒有想太多地活著」。健康的心態即是了解並接納這種矛盾狀態，在想要遠離煩惱的心情和煩惱的兩種情緒中保持一定平衡。

33 好好想過，結果就不是最重要的

再怎麼深思熟慮做出決定，有時結果也會不如預期，或被認定是失敗的結果。這時我們很容易往「可能是因為我沒有好好思考」的方向去想，以結果回推煩惱，以成功或失敗的結果為依據判斷煩惱是否有效或正確，十分弔詭。煩惱和決定應分開來看。從煩惱的過程來看，如果事情成功了就是有好好思考的結果；如果失敗就會是沒有好好思考。但是結果並不會對思考的過程造成任何影響。

無論結果好壞，如果在煩惱的過程中沒有出現任何問題，那麼發生其結果就是無可奈何的事情。評論和反省只是為了確認煩惱的過程中是否存在失誤或遺漏，是為了檢驗程序上的錯誤。為此，結果只能當作其中的一項參考因素，縱然取得了好結果，如果發現煩惱的過程有些錯誤之處，如：執行時間並不充分或過度感情用事等，下次執行前也必須修正。**即使結果是好的，若過程有誤，下次再面對同樣重大的關卡時，就有可能無**

法好好思索煩惱。

國家足球代表隊每次在選人時都會引發爭議。當國家隊教練選了不有名的選手時，若再被發現該選手與教練曾效力於同隊的經歷等關係後，就會被懷疑教練選擇該名選手是否出於私心。而當隊伍表現不佳時，這種指責將更為猛烈。但是若是該名選手發揮出色，取得好成績，情況就會大逆轉，大家都會對教練讚譽有加，認為他慧眼識英雄。這便是從結果回推過程後，態度發生一百八十度轉變的代表性事例。而比起關注選手選拔過程是否公正，是否有名、與教練關係匪淺等問題，我們實際更應該關注的是教練選擇的選手是否有相對應的實力。但每當比賽成績不好時，我們往往容易在這過程中戴上負面的有色眼鏡。

觀看球賽轉播時，我常對賽評的解說感到困惑。他們彷彿洞悉全局，無所不知，但實際上，他們的分析多半是在事後進行。所謂「解說」，不過是為了幫助觀眾理解比賽狀況。當情勢有利時，他們便指出有利之處；當情勢不利時，他們則解釋不利的原因。

然而，若仔細聆聽，便會發現賽評的解說常有自相矛盾之處。例如：對於一位速度快但控球不佳的選手，若其成功帶球突破，射門得分，賽評便會讚揚其速度優勢，稱其為球隊不可或缺的戰力。反之，若該選手帶球突破失敗，反被對手利用漏洞得分，賽評則可能批評其視野狹窄，缺乏團隊意識，並質疑教練的選人。

用這種方式，在發生不同結果時做出不同的解釋，得益於只有知道理由才能安心的人類本能。**但是有效且明智地考量狀況，應該果斷地放棄這種事後諸葛的方式**。賽評只能將過去與現在拿來評比，而不能預測未來。此外，在解釋現況時也很容易根據結果，以樂觀或悲觀的方向重新詮釋。而諸如此類根據結果重新編修和說明過去是一種壞習慣，會妨礙我們下次進行客觀合理的煩惱。

甚至有些人會因為選擇的事情順利解決，往後便嘗試更危險的方式，像是不假思索、感情用事重複做同一件事。例如：喝了幾杯酒後，沒有叫代駕，就直接開車回家，雖然沒有發生意外，也沒有被臨檢，但若有人認為那個決定是正確的呢？如果一再重複該舉動會發生什麼事？我想發生事故的機率一定會上升。因此就算有好結果，我們也不能將即興的、衝動的、沒有經充分思考的行為合理化，結果好並不表示思考方式正確。

34 對運氣抱持開放的心態

二〇二一年四月，電影《夢想之地》（*Minari*）的演員尹汝貞，是韓國電影史上首次在美國奧斯卡頒獎典禮上獲得最佳女配角獎。獲獎後，她對著一起入圍的演員說：「我不相信競爭，我怎麼贏得過葛倫・克蘿絲（Glenn Close）呢？她的表演我看過無數次。五位入圍者在不同的電影中扮演了不同的角色，我們彼此不是競爭對手，而我只是運氣好一點才會站在這裡。」

尹汝貞的獲獎感言不僅在韓國引起廣泛討論，在美國亦成為熱門話題。或許有人認為，身為韓國演員，在好萊塢奧斯卡頒獎典禮上獲獎，出於謙遜，才會發表此番言論。這或許是原因之一，但我更傾向於另一種解讀。

在長達半個世紀的演藝生涯中，尹汝貞參演了數十部影視作品。這些作品並非部部賣座或廣受矚目，其中不乏品質優異卻鮮為人知的作品，亦有超出預期的成功之作。試想，若今日獲獎的是她同時期拍攝的其他電影呢？若《夢想之地》的製片人不是布萊德．彼特呢？若劇組的其他演員或工作人員發生意外呢？若影片淹沒在同類型題材的作品中，票房不如預期呢？這些因素皆非一位演員所能掌控，即使絞盡腦汁亦無濟於事。而最終的成功，或許只能歸功於「運氣」。

實力固然重要，但運氣亦扮演著不可或缺的角色。尹汝貞深諳此道，故而在獲獎感言中，謙稱自己只是運氣好。包括葛倫．克蘿絲在內的其他入圍者，以及所有聆聽此番感言的人，皆深感共鳴，並報以熱烈的掌聲。

明明是要介紹如何有效煩惱方法的書，卻沒頭沒尾提到獲獎感言，目的即是要強調「運氣」在我們人生中的占比相當大。而運氣與努力、才能、環境同等重要，但我們卻無法控制隨機的運氣。根據我們至今接受的教育，承認運氣的存在並不道德，只有把運動選手的勝利解釋成努力與實力上升的結果，視為一種成長敘事才能放心，只有讓運動選手成為榜樣，心裡才會好受一些。

聽著這類故事長大的我們，會覺得成功的人類是由一%的才能和九九%的努力造就而成的，只有這樣才能得到大眾認可。陷入煩惱時也會有一樣的反應，我們傾向認為就算一個人頭腦再聰明，若沒有用盡全力尋找完美的解決方案，就無法戰勝絞盡腦汁煩惱完一切情況的人。因為一旦承認那些人存在，社會秩序和誠信金字塔日積月累的穩定性將會全盤崩潰。

但許多研究都證明了「運氣」確實存在。美國企管學者馬可斯．皮查（Markus Fitza）分析了美國一千五百家大企業從一九九三年至二〇一二年間的管理資料，他認為公司的維持和成功除了管理層的能力，也有偶然的成分在內。他以數學分析了哪些部分的影響更大，並得出以下結論：要獲得成功，能力雖然很重要，偶然卻占更大的比率。[1]

然而，儘管已經有這些研究結果，我們卻還是會習慣低估運氣，這是因為我想避免我的努力和誠實相對被低估的情況。我們想聽到的稱讚是「現在的成就完全靠我的能力實現的」，在面臨選擇而深陷煩惱時，若負擔過重，產生的副作用就是認為控制所有變數、做出決定後再制定最有效的戰略，並按照此進程認真努力，就能一〇〇%得到我想要的成就。萬一計畫失敗，就會覺得有九九%是「我的錯」，把失敗歸咎於煩惱過程中忽略的因素，或者沒按照計畫順利進行。

這種想法是不對的，並不是說失業者無條件只寄託希望在運氣上，每當有錢的時候就去買樂透。而是在具備一定水準的實力後，我周圍的人和我之間的競爭力差距微乎其微，這時起到決定性作用的就是「運氣」。正如俗話說「盡人事，聽天命」，最終產生決定性差異的因素我們無法控制。如果具備水準以上的能力，並以不錯的方式正確思考後做出了決定，那接下來的事情不妨就承認是運氣占比吧，運氣會決定我們獲得的是適當的成功還是盛大的成功。

在田徑上創下驚人世界紀錄的博爾特，他在百米賽跑中創造了九．五八秒這一項不可能的紀錄，那天是二〇〇九年八月十六日，參與的競賽是第十二屆世界田徑錦標賽百米比賽。此後，他的奪冠紀錄雖一直延續，但總未能打破當天創下的紀錄，難道只有那天是他的巔峰期嗎？不是的。那天的紀錄得益於從他身後適度地向前吹的順風。

調查結果顯示，男女百米、跨欄、跳遠、三級跳遠等八項世界紀錄中，其中有七項當下的風向是順風，只有一項是在無風的情況下創造的，沒有一項紀錄是在逆風時創造的。雖然都在同一個環境下進行，但當表現極佳的選手們一決高下時，各個選手都在巔峰狀態下，這種微小的環境差異就會決定一個人是金牌還是銀牌，留下的紀錄是永恆的還是平凡的。

當天所有參賽的選手都是順風跑動，尤塞恩．博爾特之後的多次競賽中也遇過風從前面襲來、或是被風吹著跑的情況，但只有二〇〇九年八月十六日當天的比賽，尤塞恩．博爾特的身體狀態與風、跑道等因素最為契合，所以與其將此解釋成努力的成果，不如就說他是「運氣好」吧。只有這樣才能好好喘口氣，當我們已經煩惱到一定程度，做完決定後就暫且這樣想，放過自己吧。

「骰子已經擲出去了，接下來會發生很多我無法控制的事情，只希望這能朝著對我有利的方向發展。」這樣就夠了。這句話有助於平息對結果的焦慮，避免在決策後因患得患失而猶豫不決，進而影響執行效率。同時，也能防止在順遂時過度陶醉於成功，或在失利時將責任全歸咎於自身能力。

此外，承認運氣的存在，對建立健全的價值觀亦有助益。**唯有體認到成功與失敗皆有運氣的成分，且其影響力不容小覷，我們才能對他人的苦難產生共情，並對自身的成就保持謙遜**。

當今世界充滿不確定性，我們無法掌控所有變數。尤其未來十年，必然與過去二十年截然不同。第四次工業革命預期將帶來劇烈的環境變遷。在此情勢下，過往數據的參考價值將與不確定性成反比，資訊的時效性亦將迅速遞減。

在此情境下，依賴過往經驗與資訊進行決策，反而可能潛藏風險。資訊量越龐大，決策的彈性越低，且這些資訊多半來自於過時的環境，未必適用於現今的變局。因此我們應當調整心態，建構抵禦最壞情況的防禦機制，並對各種可能性保持開放態度，以順應時勢的彈性，應對社會的快速變遷。若依據過往資訊建構固定的應對模式，則面對陌生問題時，既有的偏見反而會扭曲經驗，阻礙正確判斷。

而依靠運氣的心態是避免這種大腦偏見的另一種方法。無需承受煩惱、輕鬆地做決定，因此接受結果時，心情也會輕鬆許多。雖然這種心態與過去封建社會或產業社會提倡的態度截然相反，但在不確定性增加的時代，**與其依賴過去的情報生存，對運氣的不確定性抱有積極樂觀的開放心態時，生存機率反而會提高**。只要承認不確定的世界與不可控的運氣，就能減少煩惱產生的壓力、騰出內心空間、減少失敗要面臨的負擔。

「雖然不太確定，但方向似乎沒錯，就先試試看吧。」這種心態最完美，在「煩惱、決定、實踐」過程中，從中間的決定階段往前或往後看時，要注意別把太多心力放在煩惱上。比例上大概三：七就很剛好，畢竟前言太長的書就會變得很無趣，不是嗎？

後記

別把生活的小波浪當成大波濤

在精神分析治療的過程中，有時會有「啊，原來如此」領悟到某件事的瞬間。但一旦離開諮商室回到現實後，就很容易忘記當下發生的事，即使記住，也很難將領悟到的概念內化並運用在自己的生活中。

覺悟和變化皆非一蹴可幾。在諮詢室裡，同樣的解釋要聽過很多次，經過幾年反覆聆聽和領悟的過程才會有所改變。也就是說，要想將自己領悟到的道理運用於現實中，只能透過有意識地努力、反覆失敗、學習才能達成。「修通」是一個艱難的過程，也是精神分析治療中最重要的實踐過程。單憑一次頭頭是道的解釋和「啊哈！」的覺醒，並不會改變我們已經固化的觀念和習慣。而修通的過程不僅是精神分析治療的一環，也是我們人生中必不可缺的概念。

讀完這本書後，我人生中的煩惱就會比較容易解決嗎？很遺憾地，並不會有太大的變化，因為我們的情緒和大腦的運用方法已經成為固定習慣，並且能順利運轉。我們的內心討厭受傷，也希望能避免接觸可能使我們受傷的事；而大腦則旨在追求效率、避免損失和痛苦、選擇安全的選項。因此要拋棄已經固定下來的大腦和內心習慣並不容易。而修通則是為了使這些固化的觀念與習慣有所改變，試著將書中介紹的概念一個個內化變成自己的東西吧。

若你看到書中的方法後，覺得有幾項還不錯，實際運用後卻感到莫名不自在，覺得這作風與自己一點也不像，這在所難免。這種尷尬和陌生感透過反覆努力運用，會逐漸變得熟悉，甚至會在無意識中內化。比起一次性全盤改變，只要一步一腳印地慢慢改變，就會在某個瞬間發現自己已不會被煩惱所壓倒，能更有邏輯地做出選擇，不再過度煩惱不必要的事物。

很多人害怕航行在名為人生的汪洋中，會突然出現大風浪把自己捲走。但其實，真正困擾我們的並不是大浪，而是日常的瑣碎波浪。**大浪就有如命運一般，該來的總是會來，但並不常見。因此我們只要不過度反應、太大驚小怪，把小的波浪誤認成是大波濤，生活就會平順很多。**

與其冀望煩惱徹底消失，不如讓我們的生活不為煩惱所左右。承認那些無可避免的煩惱，並訓練自己心靈的核心肌群，專注在必要的煩惱上，你終究會走出一條自己的路。
希望這本書能成為引導你走向那條路的導航，旅程才剛開始。

附錄
讀者常見問題

問：讀完這本書後，我才發現原來自己煩惱了太多不必要的煩惱，累積太多疲勞，導致做重要決定時反而馬馬虎虎。然而，重要的決策並不常見，但為了能在關鍵時刻發揮效用，平常我們能做些什麼準備呢？

答：努力養成好習慣吧。好的習慣越多，大腦就越舒適，因為大腦可以用低耗能模式，外界的刺激會影響我們的習慣，但同樣的刺激，大腦也會用同樣的方式回應刺激。一旦習慣形成後就很難改變，想想咬指甲、抽菸等壞習慣，要改掉壞習慣十分困難。但是相對地，如果養成好習慣，身體在實踐時也會毫不猶豫地去做，像是早起、慢跑、少吃等，等到身體習慣後就會自然而然地延續這些行為模式，突然改變反而會覺得不適。

我們遇到特定情況時，大腦與身體就會根據情況做出特定反應，如果根據此反應產生一套行為習慣後，我們就會照著習慣實行。並且「實行」也會滿足我們大腦的補償機制，所以試著在日常仔細觀察自己的刺激和反應，養成良好的習慣吧。

問：你說要先訂好煩惱的優先順序。那遇到緊急的事和重要的事，應該先解決哪一個呢？

答：大腦遇到「緊急」和「重要」的情況時都會響起警鈴，兩者似乎都需要盡快處理，而我們不管往哪走都不是，只能在原地著急跳腳。但仔細想想，重要的事情通常都不是急事，急事也不一定很重要，這兩點並不互斥。

所以，我們要做的是先靜下心來，評估一下這件事情到底是不是真的很急，或是否真的重要。如此一來，內心自然會判斷出執行的優先順序。一般有截止期限的事情會隨著時間逐漸接近變得更重要，必須先掌握事情的重要性在哪。接著，進一步區分這件事從長遠來看的重要程度，是否因為急需處理才顯得重要。如此一來，自然能夠分辨出需要優先處理的事情和需要花一點時間處理的事情。

問：生活中總有些時刻要做出重大決定。如何不被重大決策的重量壓垮，又能做出好的決定呢？

答：離職、結婚、搬家等，面對人生重要決定時，很常因為想做出最佳選擇而苦思良久，一一比較各自的優點和缺點，竭盡心力思考哪個選項對自己最好。人生在世總會面臨這些煩惱，又不能讓別人替我做選擇。面對重大抉擇，負擔一定會隨之加重。但請試著在做重大決定之前，先暫停五分鐘再做決定。

欲得到最佳答案的焦慮感會讓我們傾向直線型思考。思考的範圍會變窄，只往一個方向思考時，步調就會變快，也剎不了車。這時我們就需要暫時透透氣，在籃球比賽中，陷入掙扎的那方球隊，該球隊教練有時會突然叫暫停。暫停的意義即是為了讓選手能夠順暢呼吸一分鐘左右，調整呼吸、休整後再上場。這樣一來，原先只專注於眼前的選手們便能趁此刻看清整體動向，進而思考自己在賽場中要做什麼。

煩惱時也需要暫停時間，如果已經準備入睡，就停止煩惱，直接睡覺也是一種方法。當前額葉超出負荷，開始無意義空轉時，就去做一些依賴直覺和無意識的事情吧，讓腦袋騰出空間運轉，就能看清楚答案的所在之處。

問：我是那種在決定之前會考慮很久的類型。即使如此，決定後也還是會感到後悔，或者想像當時若自己做了其他決定現在會如何，要怎樣才能不後悔呢？

答：很多人經常會回顧自己的選擇。「早知道就不做了」、「如果當初這麼做」、「差一點就能」從意義上來看都一樣，都在為不可能發生的事提出假設，這稱為「事後假設型思考」，也是一種對決定的回饋過程。可再進階將其分成兩種類型，第一種，想像「那時買樂透就好了」、「買房子就好了」、「跳槽就好了」等積極結果的「上而下型思考」；第二種，想像「幸好拒絕了」、「差點就完蛋了」等負面結果的「下而上型思考」。

為了我們的心理健康著想，最好進行下而上型思考，但人們更常進行上而下型思考，覺得自己錯過尚未發生的機會。但是這樣後悔的目的，說到底，還是為了讓自己下次不再後悔，因為大家總是會夢想更好的未來，才會不斷反覆咀嚼現在的痛苦和後悔。

問：我的煩惱很多，但總是遲遲無法做決定，腦袋變得一團亂，不只有心情變得很差，同時也很疲憊，不知道該怎麼辦。

答：心情不好時，我會建議你先思考以下三點——

第一，既定事實已不能改變。如同再怎麼往岩石上扔雞蛋也打不碎岩石一樣，就算我再怎麼努力也無法改變事實。這並不是我的能力不足，而是這件事不適合我。如果做了某件事後發覺不太適合自己，就應該懂得停下來。

總有運氣不好的時候。即使我的選擇再完美不過，運氣不好時，再怎麼努力也不會有更好的結果。有時候狀況真的糟糕透頂，也可能糟到讓我們覺得是不是只有我這麼不幸。但沒有什麼是永遠的，我們不會永遠幸福，也不會永遠不幸。所以當今天工作不順利時，不妨就想「啊，今天運氣真差」。

人意外地很善良。當我們變弱時會覺得外界的威脅性更強。如果總是把其他人想成壞人，覺得他們與自己單純只有利益關係，這樣的生活既疲憊又痛苦。不如試著接納人性本善的觀點吧，當你求助他人時，一定會有人願意伸出援手。

注釋

第2章

1. Dijksterhuis, A., Bos, M. W., Nordgren, L. F. & van Baaren, R. B. (2006). On making the right choice: the deliberation-without-attention effect. *Science*, 311(5763), 1005-1007.

2. Iyengar, S. S. (2011). *The Art of Choosing*.

3. Hoehn-Saric, R., Lee, J. S., McLeod, D. R. & Wong, D. F. (2005). Effect of worry on regional cerebral blood flow in nonanxious subjects. *Psychiatry Research*, 140(3), 259-269.

4. Steel, P. (2007). The nature of procrastination: A meta-analytic and theoretical review of quintessential self-regulatory failure. *Psychological Bulletin*, 133(1), 65-94.

5. Smith, J. M. & Alloy, L. B. (2009). A roadmap to rumination: A review of the definition, assessment, and conceptualization of this multifaceted construct. *Clinical Psychology Review*, 29(2), 116-128.

6. Darley, J. M. & Latané, B. (1968). Bystander intervention in emergencies: Diffusion of responsibiLity. *Journal of Personality and Social Psychology*, 8(4), 377-383.

7. Dimsdale, J. E. (2016). *Anatomy of Malice: The Enigma of the Nazi War Criminals*.

8. Eisenberger, N. I. (2012). The neural bases of social pain: Evidence for shared representations with physical pain. *Psychosomatic Medicine*, 74(2), 126-135.

第3章

1. New Scientist (Author), Michael Brooks (Editor), 2016, *Chance: The science and secrets of luck, randomness and probability.*

2. Jonah Lehrer ,2009, *The Decisive Moment: How the Brain Makes Up Its Mind.*

3. Macnamara, B. N., Hambrick, D. Z. & Oswald, F. L. (2014). Deliberate practice and performance in music, games, sports, education, and professions: A meta analysis.

Psychological Science, 25(8), 1608-1618.

4. Kruger, J. & Dunning, D. (1999). Unskilled and unaware of it: How difficulties in recognizing one’ s own incompetence lead to inflated self-assessments. *Journal of Personality and Social Psychology*, 77(6), 1121-1134.
5. Heffernan , M. (2011). *Willful Blindness: Why We Ignore the Obvious at Our Peril*.
6. Repetti, R. L. (1994). Short-term and long-term processes linking job stressors to father–child interaction. *Social Development*, 3(1), 1-15.
7. Gazzaley, A., Cooney, J. W., Rissman, J. & D’ Esposito, M. (2005). Top-down suppression deficit underlies working memory impairment in normal aging, *Nature Neuroscience*., 8(10), 1298-1300.
8. Catt, M. (2014). Hungry workers feel more entitled, research suggests. Cornell Chronicle. Retrived from http://news.cornell.edu/stories/2014/08/hungry workers-feel-more-entitled-research-suggests.
9. Gillbert, D. T., Gill, M. J. & Willison, T. D. (2002). The future is now: Temporal correction in affective forecasting. *Organizational Behavior and Human Decision*

Processes, 88(1), 430–444.

10. Mani, A., Mullainathan, S., Shafir, E. & Zhao, J. (2013). Poverty impedes cognitive function. *Science*, 341(6149), 976-980.

11. Mullainathan, S., & Shafir , E. (2014). *Scarcity: The True Cost of Not Having Enough*.

12. Gennetian, L. A., Duncan, G., Knox, V., Vargas, W., Clark-Kauffman, E. & London, A. S. (2004). How welfare policies affect adolescents' school outcomes: A synthesis of evidence from experimental studies. *Journal of Research on Adolescence*, 14(4), 399-423.

13. Callan, M. J., Shead, N. W. & Olson, J. M. (2011) Personal relative deprivation, delay discounting, and gambling. *Journal of Personality and Social Psychology*, 101(5), 955-973.

14. Shiv, B. & Fedorikhin, A. (1999). Heart and mind in conflict: The interplay of affect and cognition in consumer decision making. *Journal of Consumer Research*, 26(3), 278-292.

15. Shiv, B. & Fedorikhin, A. (1999). Heart and mind in conflict: The interplay of affect

and cognition in consumer decision making. *Journal of Consumer Research*, 26(3), 278-292.

16. Whitney, P., Rinehart, C. A. & Hinson, J. M. (2008). Framing effects under cognitive load: The role of working memory in risky decisions. *Psychonomic Bulletin and Review*, 15(6), 1179-1184.
17. Brewer, Judson/ Ochlan, P. J. (NRT)/ Kabat-Zinn, Jon (FRW) (2018). *The Craving Mind: From Cigarettes to Smartphones to Love——why We Get Hooked and How We Can Break Bad Habits*. Blackstone Audiobooks
18. Walton, G. M., Cohen, G. L., Cwir, D. & Spencer, S. J. (2012). Mere belonging: The power of social connections. *Journal of Personality and Social Psychology*, 102(3), 513-532.
19. Asch, S. E. (1951). Effects of group pressure upon the modification and distortion of judgments. In: ed. Guetzkow, H. S. *Groups, Leadership and Men Research in Human Relations*. Pittsburgh: Carnegie Press, 177-190.
20. Berns, G. S., Chappelow, J., Zink, C. F., Pagnoni, G., Martin-Skurski, M. E. &

Richards, J. (2005). Neurobiological correlates of social conformity and independence during mental rotation. *Biological Psychiatry*, 58(3), 245-253.

21. Iannello, P., Mottini, A., Tirelli, S., Riva, S. & Antonietti, A. (2017). Ambiguity and uncertainty tolerance, need for cognition, and their association with stress. A study among Italian practicing physicians. *Medical Education Online*, 22(1), 1270009.

22. Keren, G. & Teigen, K. H. (2001). Why is p = .90 better than p = .70? Preference for definitive predictions by lay consumers of probability judgements. *Psychonomic Bulletin and Review*, 8(2), 191-202.

23. Ellsberg, D. (1961). Risk, ambiguity, and the Savage axioms. *Quarterly Journal of Economics*, 75(4), 643-649.

24. Hsu, M., Bhatt, M., Adolphs, R., Tranel, D. & Camerer, C. F. (2005). Neural systems responding to degrees of uncertainty in human decision-making. *Science,* 310(5754), 1680-1683.

25. Kuo, W. J., Sjöström, T., Chen, Y. P., Wang, Y. H. & Huang, C. Y. (2009). Intuition and deliberation: Two systems for strategizing in the brain. *Science*, 324(5926), 519-522.

26. Art Markman (Author). (2017). *Smart Change: Five Tools to Create New and Sustainable Habits in Yourself and Others*. Gildan Audio and Blackstone Publishing

27. Pinho, A. L., de Manzano, Ö., Fransson, P., Eriksson, H. & Ullén, F. (2014). Connecting to create: Expertise in musical improvisation is associated with increased functional connectivity between premotor and prefrontal areas. *Journal of Neuroscience*, 34(18), 6156-6163.

28. Kahneman, D. & Tversky, A. (1974). Judgment under uncertainty: Heuristic and biases. *Science*, 185(4157), 1124-1131

29. Sutherland , S. (2007). *Irrationality*.

30. Sanchez, C. A. (2011). Working through the pain: Working memory capacity and differences in processing and storage under physical pain. *Memory*, 19, 226-232.

31. Norman Doidge M.D. (2018). *The Brain's Way of Healing: Remarkable Discoveries and Recoveries from the Frontiers of Neuroplasticity*. Penguin Life

第4章

1. Berman M. G., Jonides, J. & Kaplan, S. (2008). The cognitive benefits of interacting with nature. *Psychological Science*, 19(12), 1207-1212.
2. Mullainathan, S., & Shafir , E. (2014). *Scarcity: The True Cost of Not Having Enough*.
3. Christian, B. (2018). *Algorithms to Live By: The Computer Science of Human Decisions*.
4. Andrade, J. (2010). What does doodling do? Applied Cognitive Psychology, 24(1), 100-106.
5. Schoen, M. (2014). *Your Survival Instinct Is Killing You*.
6. Duke, A. (2018). *Thinking in Bets: Making Smarter Decisions When You Don't Have All the Facts*.
7. Centola, D., Becker, J., Brackbill, D. & Baronchelli, A. (2018). Experimental evidence for tipping points in social convention. *Science*, 360(6393), 1116-1119.
8. Lieberman, M. D., Eisenberger, N. I., Crockett, M. J., Tom, S. M., Pfeifer, J. H. & Way, B. M. (2007). Putting feelings into words: Affect labeling disrupts amygdala activity in response to affective stimuli. *Psychological Science*, 18(5), 421-428.

9. McMorris, T. (2014). *Acquisition and Performance of Sports Skills* (2nd Edition). Wiley.
10. Dijksterhuis, A., Bos, M. A., Nordgren, L. F. & van Baaren, R. B. (2006). On making the right choice: The deliberation-without-attention effect. *Science*, 311(5763), 1005-1007.
11. Raichle, M. E., MacLeod, A. M., Snyder, A. Z., Powers, W. J., Gusnard, D. A. & Shulman G. L. (2001). A default mode of brain function. *Proceedings of the National Academy of Sciences of the United States of America*, 98(2), 676-682.
12. De Neve, J. E. & Oswald, A. J. (2012). Estimating the influence of life satisfaction and positive affect on later income using sibling fixed effects. *Proceedings of the National Academy of Sciences of the United States of America*, 109(49), 19953 19958.
13. 제현주 . (2014). 내리막 세상에서 일하는 노마드를 위한 안내서 : 누구와 , 어떻게 , 무엇을 위해 일할 것인 것인가 ? 어크로스 .
14. 강상중 . (2017). 나를 지키며 일하는 법 . (노수경 역). 사계절 .
15. Knox, R. E. & Inkster, J. A. (1968). Postdecision dissonance at post time. *Journal of Personality and Social Psychology*, 8(4), 319-323.

16. Regan, D. T. & Kilduff, M. (1988). Optimism about elections: Dissonance reduction at the ballot box. *Political Psychology*, 9(1), 101-107.
17. Gilbert, D. T. & Ebert, J. (2002). Decisions and revisions: The affective forecasting of changeable outcomes. *Journal of Personality and social psychology*, 82, 503-514.
18. Studer, B., Apergis-Schoute, A. M., Robbins, T. M. & Clark, L. (2012). What are the Odds? The Neural Correlates of Active Choice during Gambling. *Frontiers in Neuroscience*, 6, 46.
19. Kruger, J., Wirtz, D. & Miller, D. T. (2005). Counterfactual thinking and the first instinct fallacy. *Journal of Personality and Social Psychology*, 88(5), 725-735.

第5章

1. Fitza, M. A. (2014). The use of variance decomposition in the investigation of CEO effects: How large must the CEO effect be to rule out chance? *Strategic Management Journal*, 35(12), 1839-1852.

HEART
心|視野　心視野系列 148

駕馭腦中的小劇場

韓國精神科權威的「高效人生思考術」，教你把煩惱轉化成一種優勢！

고민이 고민입니다

作　　　者　河智賢（하지현）
譯　　　者　杜西米
封 面 設 計　Dinner Illustration
內 文 設 計　點點設計 × 楊雅期
主　　　編　陳如翎
出版二部總編輯　林俊安

出 版 發 行　采實文化事業股份有限公司
業 務 發 行　張世明．林踏欣．林坤蓉．王貞玉
國 際 版 權　劉靜茹
印 務 採 購　曾玉霞．莊玉鳳
會 計 行 政　李韶婉．許俽瑀．張婕莛
法 律 顧 問　第一國際法律事務所　余淑杏律師
電 子 信 箱　acme@acmebook.com.tw
采 實 官 網　http://www.acmebook.com.tw
采 實 臉 書　http://www.facebook.com/acmebook01

I S B N　978-626-349-956-0
定　　　價　420
初 版 一 刷　2025 年 4 月
劃 撥 帳 號　50148859
劃 撥 戶 名　采實文化事業股份有限公司
104 台北市中山區南京東路二段 95 號 9 樓
電話：(02)2511-9798
傳真：(02)2571-3298

國家圖書館出版品預行編目資料

駕馭腦中的小劇場：韓國精神科權威的「高效人生思考術」，教你把煩惱轉化成一種優勢！/ 河智賢（하지현）著；杜西米譯 . -- 初版 . – 台北市：采實文化事業股份有限公司 , 2025.04

288 面；14.8X21 公分 . --（心視野系列；148)

譯自：고민이 고민입니다

ISBN 978-626-349-956-0（平裝）

1.CST：憂慮　2.CST：情緒管理

176.527　　114002698

HEART
心|視野

HEART
心|視野

HEART
心視野

HEART
心|視野